매일 1장 일본어 쓰기 습관 100일의 기적

레벨업

매일 1장 일본어 쓰기 습관 100일의 기적 [레벨업]

초판 1쇄 발행 2024년 10월 14일

지은이 핫크리스탈(허수정)
펴낸곳 (주)에스제이더블유인터내셔널
펴낸이 양홍걸 이시원

홈페이지 www.siwonschool.com
주소 서울시 영등포구 영신로 166 시원스쿨
교재 구입 문의 02)2014-8151
고객센터 02)6409-0878

ISBN 979-11-6150-899-3
Number 1-120101-25259900-09

수많은
일본어 학습서 중
이 책을 선택한 당신께 장담합니다.

지금 넘기는 이 첫 페이지가
당신의 가장 훌륭한 선택 중
하나가 될 것입니다.

매일 1장 100일

일본어 쓰기 습관의 놀라운 기적

練習が
完璧を
もたらす。

연습이
완벽을
만든다.

は会社員です。私は学生です。私は韓国人です。こちらは禁

席ですか。こちらは何のお店ですか。トイレはどこですか。

っぱり夏はアイスコーヒーだ。やっぱり冬はスキーだ。夏休

はいつも海だ。今日もサラダ？明日も雨？あれは何？あそこ

新宿駅です。ここが家です。彼が彼氏ですか。私はあなたの

ンです。夏は祭りの季節です。これはあなたのかばんです

운전을 책만 읽고 할 수 있을까요?
악셀, 브레이크, 핸들을 어떻게 조작하는지
책만 읽고 마스터하면 갑자기 운전의 고수가 될까요? 아닙니다.
'내가 직접 운전을 해 봐야' 실력이 늡니다.

외국어도 마찬가지입니다.
문법, 원어민이 자주 쓰는 단어와 표현들을
책만 읽고 머릿속에 다 넣으면 갑자기 외국어를 잘하게 될까요? 아닙니다.
'그렇게 배운 외국어를 직접 써 봐야' 실력이 늡니다.

유학 없이 외국어를 배우고 써 볼 수 있는
가장 가성비 좋은 학습법이 바로 '쓰기'입니다.
핵심 문장 100개와 나만의 문장 200개를 직접 쓰고 말하는
매일 1장 100일의 일본어 쓰기 습관은
여러분의 일본어가 실패 없이 날개를 달고
반드시 성공하게 만들어 줄 것입니다.

1 필기하기 편하도록 PUR 제본 방식으로 제작된 교재

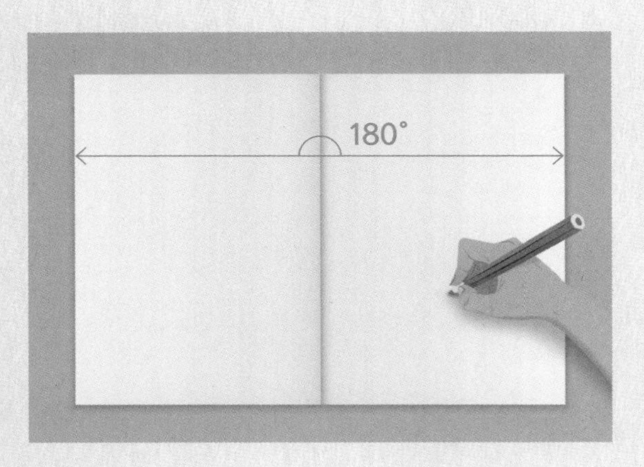

본 교재는 필기를 편안하게 할 수 있도록 교재를 평평하게 펼쳐서 꾹꾹 눌러도 책이 파손되지 않고 필기를 안정적으로 할 수 있는 PUR 제본 방식으로 제작되었습니다. 또한 필기를 항상 '우측'에서 하기 때문에 대부분의 학습자에게 필기가 더욱 편안합니다.

2 학습 시작 전 기초 일본어 지식 탑재하기

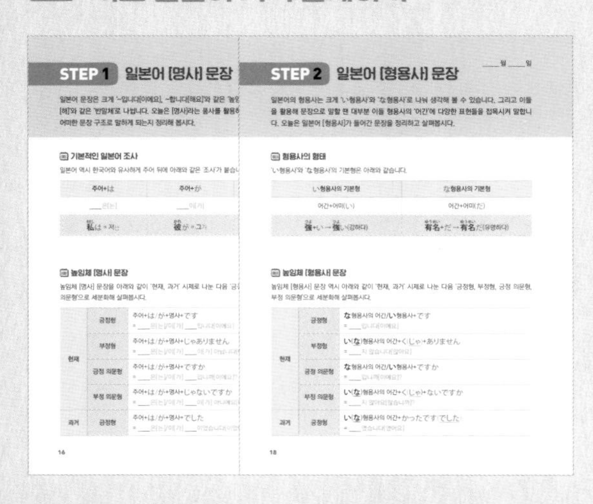

STEP 1 일본어 [명사] 문장

일본어 문장은 크게 '~입니다[이에요], ~합니다[해요]'와 같은 '높임
[해]'와 같은 '반말체'로 나뉩니다. 오늘은 [명사]라는 품사를 활용하
어떠한 문장 구조로 말하게 되는지 정리해 봅시다.

기본적인 일본어 조사

일본어 역시 한국어와 유사하게 주어 뒤에 아래와 같은 '조사'가 붙습니

주어+は	주어+が
___은[는]	___이[가]
私は = 저는	彼が = 그가

높임체 [명사] 문장

높임체 [명사] 문장을 아래와 같이 '현재, 과거' 시제로 나눈 다음 '긍
의문형'으로 세분화해 살펴봅시다.

현재	긍정형	주어+は/が+명사+です
	부정형	주어+は/が+명사+じゃありません
	긍정 의문형	주어+は/が+명사+ですか
	부정 의문형	주어+は/が+명사+じゃないですか
과거	긍정형	주어+は/が+명사+でした

16

STEP 2 일본어 [형용사] 문장 ___월 ___일

일본어의 형용사는 크게 'い형용사'와 'な형용사'로 나눠 생각해 볼 수 있습니다. 그리고 이들을 활용해 문장으로 말할 땐 대부분 이들 형용사의 '어간'에 다양한 표현들을 접목시켜 말합니다. 오늘은 일본어 [형용사]가 들어간 문장을 정리하고 살펴봅시다.

형용사의 형태

'い형용사'와 'な형용사'의 기본형은 아래와 같습니다.

い형용사의 기본형	な형용사의 기본형
어간+어미(い)	어간+어미(だ)
強+い → 強い(강하다)	有名+だ → 有名だ(유명하다)

높임체 [형용사] 문장

높임체 [형용사] 문장 역시 아래와 같이 '현재, 과거' 시제로 나눈 다음 '긍정형, 부정형, 긍정 의문형, 부정 의문형'으로 세분화해 살펴봅시다.

현재	긍정형	な형용사의 어간/い형용사+です = ___입니다[이에요]
	부정형	い(な)형용사의 어간+く(じゃ)+ありません = ___지 않습니다[않아요]
	긍정 의문형	な형용사의 어간/い형용사+ですか = ___입니까[이에요]?
	부정 의문형	い(な)형용사의 어간+く(じゃ)+ないですか = ___지 않아요[않습니까]?
과거	긍정형	い(な)형용사의 어간+かったです(でした) = ___였습니다[였어요]

18

본격적인 학습을 시작하기 전 '[Preparation] 기본기 다지기' 섹션에서 중급 일본어 학습에 필요한 '(1) 일본어 [명사] 문장, (2) 일본어 [형용사] 문장, (3) 일본어 [동사] 문장'에 대한 개념을 학습합니다. 이러한 기초 지식을 미리 탑재해 두어야 매일의 학습을 훨씬 원활하게 진행할 수 있습니다.

3 매일 1개씩 100일간 100개의 핵심 일본어 문장 & 문법 학습

준비 학습을 끝낸 후 '[Chapter 01~10] 매일 1장 100일 일본어 쓰기 학습'을 본격적으로 시작합니다. 매일의 쓰기 학습은 아래와 같이 '(1) 그날의 핵심 문장 파악 → (2) 문장 내 문법+문장 구조 + 어휘' 학습부터 시작합니다.

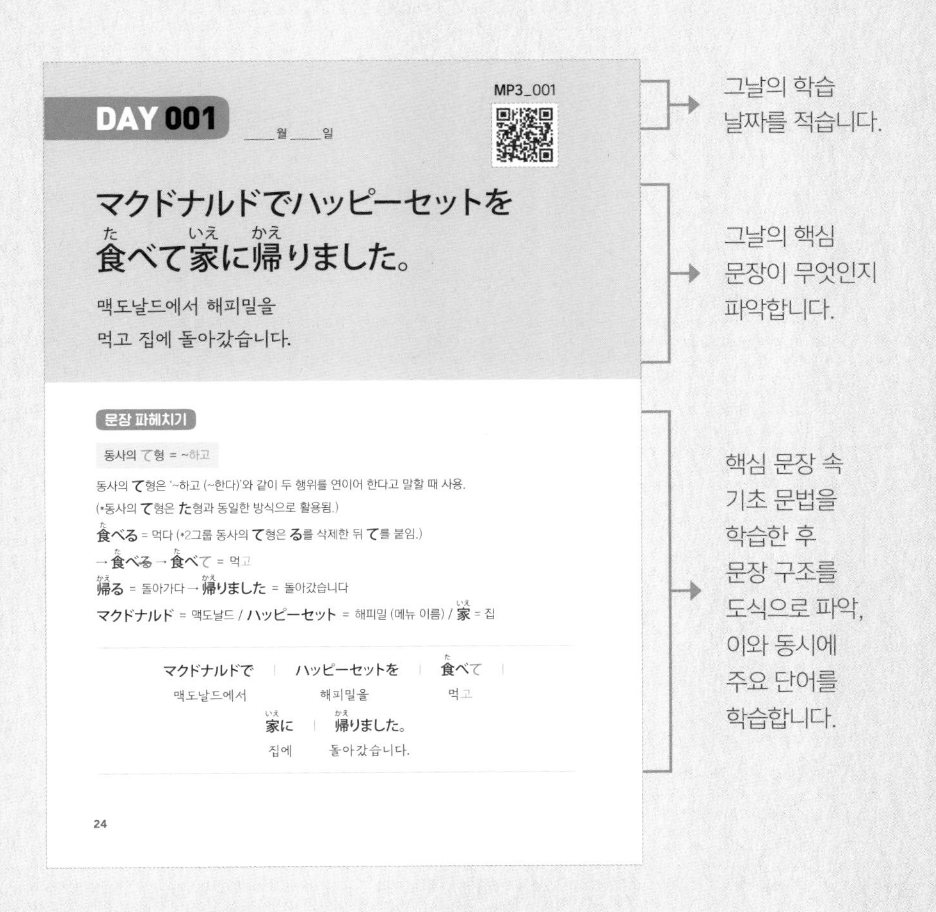

DAY 001 ____월____일

MP3_001

マクドナルドでハッピーセットを
食(た)べて家(いえ)に帰(かえ)りました。

맥도날드에서 해피밀을
먹고 집에 돌아갔습니다.

문장 파헤치기

동사의 て형 = ~하고

동사의 て형은 '~하고 (~한다)'와 같이 두 행위를 연이어 한다고 말할 때 사용.
(•동사의 て형은 た형과 동일한 방식으로 활용됨.)
食(た)べる = 먹다 (•2그룹 동사의 て형은 る를 삭제한 뒤 て를 붙임.)
→ 食(た)べる → 食(た)べて = 먹고
帰(かえ)る = 돌아가다 → 帰(かえ)りました = 돌아갔습니다
マクドナルド = 맥도날드 / ハッピーセット = 해피밀 (메뉴 이름) / 家(いえ) = 집

マクドナルドで | ハッピーセットを | 食(た)べて |
맥도날드에서 | 해피밀을 | 먹고
家(いえ)に | 帰(かえ)りました。
집에 | 돌아갔습니다.

24

책의 구성 & 활용법

4 매일 1장씩 100일간 300개 이상의 일본어 문장 쓰기 훈련

그날의 핵심 문장 속에 녹아 있는 '핵심 문법, 문장 구조, 어휘'를 학습한 뒤엔 핵심 문장과 응용 문장을 직접 써 보고 마지막엔 모든 문장을 듣고 말하는 연습까지 해 봅니다. 매일의 일본어 쓰기는 아래와 같은 흐름으로 진행하시면 됩니다.

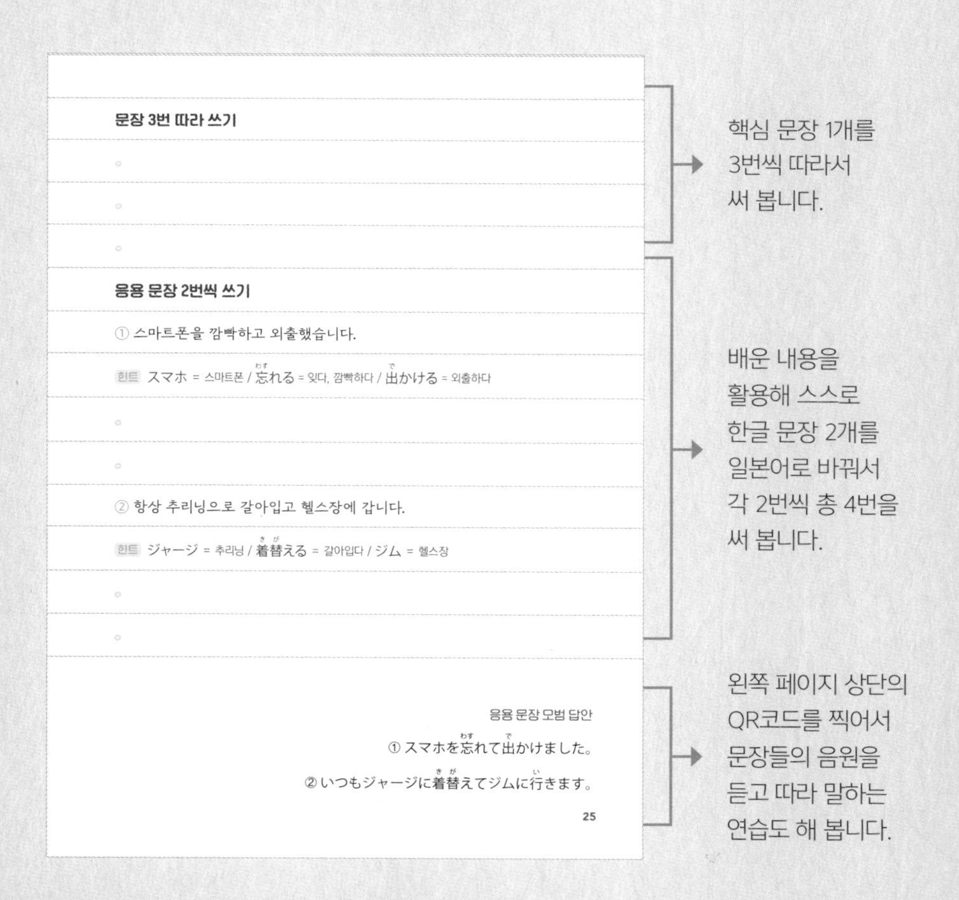

5 일일 학습 체크 일지 & 핵심 문법 총정리

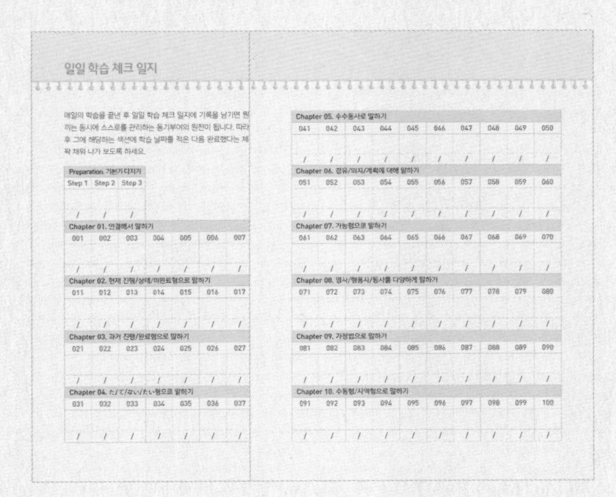

일일 학습 체크 일지

매일의 학습을 끝낸 후 일일 학습 체크 일지에 기록을 남기면 뿌
끼는 동시에 스스로를 관리하는 동기부여의 원천이 됩니다. 따라
후 그에 해당하는 섹션에 학습 날짜를 적은 다음 완료했다는 체
꽉 채워 나가 보도록 하세요.

Preparation. 기본기 다지기
Step 1 Step 2 Step 3

Chapter 01. 연결해서 말하기
001 002 003 004 005 006 007

Chapter 02. 현재 진행/상태/미완료형으로 말하기
011 012 013 014 015 016 017

Chapter 03. 과거 진행/완료형으로 말하기
021 022 023 024 025 026 027

Chapter 04. た/て/ない/たい형으로 말하기
031 032 033 034 035 036 037

Chapter 05. 수수동사로 말하기
041 042 043 044 045 046 047 048 049 050

Chapter 06. 권유/의지/계획에 대해 말하기
051 052 053 054 055 056 057 058 059 060

Chapter 07. 가능형으로 말하기
061 062 063 064 065 066 067 068 069 070

Chapter 08. 명사/형용사/동사를 다양하게 말하기
071 072 073 074 075 076 077 078 079 080

Chapter 09. 가정법으로 말하기
081 082 083 084 085 086 087 088 089 090

Chapter 10. 수동형/사역형으로 말하기
091 092 093 094 095 096 097 098 099 100

독학은 '공부 습관 관리'를 스스로 하는 것이 매우 중요합니다. 따라서 매일의 학습을 끝낸 후엔 교재 앞쪽 '일일 학습 체크 일지'에 학습 날짜를 기재한 뒤 학습을 완료했다는 체크 표시(O)를 꼭 하시기 바랍니다. 그리고 책 한 권의 학습을 끝낸 후엔 '핵심 문법 총정리' 섹션을 보며 지금까지 배운 내용을 복습합니다.

6 체계적인 3단계 수준별 매일 1장 일본어 쓰기 학습 시리즈

'매일 1장 일본어 쓰기 습관 100일의 기적'은 '첫걸음-레벨업-마스터'의 3단계 레벨을 따라가며 공부할 수 있는 시리즈 도서입니다. 본 교재는 '레벨업'에 해당합니다.

첫걸음	'기초' 일본어 문법 마스터 & 초급 문장 100+200개 쓰기 (일본어의 기본 어순 및 명사, 조사, 형용사, 동사의 기초 활용법 학습)
레벨업	'중급' 일본어 문법 마스터 & 중급 문장 100+200개 쓰기 (기초에서 업그레이드된 표현 및 접속사, 감탄사, 종조사 등을 학습)
마스터	'고급' 일본어 문법 마스터 & 고급 문장 100+200개 쓰기 (수동, 가능, 가정, 사역 표현 및 리액션, 관용어, 경어 등을 학습)

목차

일일 학습 체크 일지

매일의 학습을 끝낸 후 일일 학습 체크 일지에 기록을 남기면 뭔가를 성취했다는 뿌듯함을 느끼는 동시에 스스로를 관리하는 동기부여의 원천이 됩니다. 따라서 매일 1장 쓰기 학습을 끝낸 후 그에 해당하는 섹션에 학습 날짜를 적은 다음 완료했다는 체크 표시(O)를 하며 일지를 꽉꽉 채워 나가 보도록 하세요.

Preparation. 기본기 다지기		
Step 1	Step 2	Step 3
/	/	/

練習が完璧をもたらす。

Chapter 01. 연결해서 말하기									
001	002	003	004	005	006	007	008	009	010
/	/	/	/	/	/	/	/	/	/

Chapter 02. 현재 진행/상태/미완료형으로 말하기									
011	012	013	014	015	016	017	018	019	020
/	/	/	/	/	/	/	/	/	/

Chapter 03. 과거 진행/완료형으로 말하기									
021	022	023	024	025	026	027	028	029	030
/	/	/	/	/	/	/	/	/	/

Chapter 04. た/て/ない/たい형으로 말하기									
031	032	033	034	035	036	037	038	039	040
/	/	/	/	/	/	/	/	/	/

Chapter 05. 수수동사로 말하기									
041	042	043	044	045	046	047	048	049	050
/	/	/	/	/	/	/	/	/	/

Chapter 06. 청유/의지/계획에 대해 말하기									
051	052	053	054	055	056	057	058	059	060
/	/	/	/	/	/	/	/	/	/

Chapter 07. 가능형으로 말하기									
061	062	063	064	065	066	067	068	069	070
/	/	/	/	/	/	/	/	/	/

Chapter 08. 명사/형용사/동사를 다양하게 말하기									
071	072	073	074	075	076	077	078	079	080
/	/	/	/	/	/	/	/	/	/

Chapter 09. 가정법으로 말하기									
081	082	083	084	085	086	087	088	089	090
/	/	/	/	/	/	/	/	/	/

Chapter 10. 수동형/사역형으로 말하기									
091	092	093	094	095	096	097	098	099	100
/	/	/	/	/	/	/	/	/	/

매일 1장
일본어 쓰기 습관
100일의 기적

私は日本語の勉強をする

PREPARATION

기본기 다지기

Step ❶ 일본어 [명사] 문장

Step ❷ 일본어 [형용사] 문장

Step ❸ 일본어 [동사] 문장

準備ができました

____월 ____일

STEP 1 일본어 [명사] 문장

일본어 문장은 크게 '~입니다[이에요], ~합니다[해요]'와 같은 '높임체', 그리고 '~이다[야], ~한다[해]'와 같은 '반말체'로 나뉩니다. 오늘은 [명사]라는 품사를 활용하여 높임체, 반말체로 말할 때 어떠한 문장 구조로 말하게 되는지 정리해 봅시다.

기본적인 일본어 조사

일본어 역시 한국어와 유사하게 주어 뒤에 아래와 같은 '조사'가 붙습니다.

주어+は	주어+が	주어+も
____은[는]	____이[가]	____도
私(わたし)は = 저는	彼(かれ)が = 그가	今日(きょう)も = 오늘도

높임체 [명사] 문장

높임체 [명사] 문장을 아래와 같이 '현재, 과거' 시제로 나눈 다음 '긍정형, 부정형, 긍정 의문형, 부정 의문형'으로 세분화해 살펴봅시다.

현재	긍정형	주어+は/が+명사+です = ____은[는]/이[가] ____입니다[이에요]
	부정형	주어+は/が+명사+じゃありません = ____은[는]/이[가] ____이[가] 아닙니다[아니에요]
	긍정 의문형	주어+は/が+명사+ですか = ____은[는]/이[가] ____입니까[이에요]?
	부정 의문형	주어+は/が+명사+じゃないですか = ____은[는]/이[가] ____이[가] 아니에요[아닙니까]?
과거	긍정형	주어+は/が+명사+でした = ____은[는]/이[가] ____이었습니다[이었어요]

과거	부정형	주어+は/が+명사+じゃなかったです = ____은[는]/이[가] ____이[가] 아니었어요[아니었습니다]
	긍정 의문형	주어+は/が+명사+でしたか = ____은[는]/이[가] ____이었습니까[이었어요]?
	부정 의문형	주어+は/が+명사+じゃなかったですか = ____은[는]/이[가] ____이[가] 아니었습니까[아니었어요]?

반말체 [명사] 문장

반말체 [명사] 문장 역시 아래와 같이 '현재, 과거' 시제로 나눈 다음 '긍정형, 부정형, 긍정 의문형, 부정 의문형'으로 세분화해 살펴봅시다.

현재	긍정형	주어+は/が+명사+だ = ____은[는]/이[가] ____이다[야]
	부정형	주어+は/が+명사+じゃない = ____은[는]/이[가] ____이[가] 아니다[아니야]
	긍정 의문형	주어+は/が+명사? = ____은[는]/이[가] ____야?
	부정 의문형	주어+は/が+명사+じゃない? = ____은[는]/이[가] ____이[가] 아니야?
과거	긍정형	주어+は/が+명사+だった = ____은[는]/이[가] ____이었다[이었어]
	부정형	주어+は/が+명사+じゃなかった = ____은[는]/이[가] ____이[가] 아니었다[아니었어]
	긍정 의문형	주어+は/が+명사+だった? = ____은[는]/이[가] ____이었어?
	부정 의문형	주어+は/が+명사+じゃなかった? = ____은[는]/이[가] ____이[가] 아니었어?

_____월_____일

STEP 2 일본어 [형용사] 문장

일본어의 형용사는 크게 'い형용사'와 'な형용사'로 나눠 생각해 볼 수 있습니다. 그리고 이들을 활용해 문장으로 말할 땐 대부분 이들 형용사의 '어간'에 다양한 표현들을 접목시켜 말합니다. 오늘은 일본어 [형용사]가 들어간 문장을 정리하고 살펴봅시다.

형용사의 형태

'い형용사'와 'な형용사'의 기본형은 아래와 같습니다.

い형용사의 기본형	な형용사의 기본형
어간+어미(い)	어간+어미(だ)
強(つよ)+い → 強(つよ)い(강하다)	有名(ゆうめい)+だ → 有名(ゆうめい)だ(유명하다)

높임체 [형용사] 문장

높임체 [형용사] 문장 역시 아래와 같이 '현재, 과거' 시제로 나눈 다음 '긍정형, 부정형, 긍정 의문형, 부정 의문형'으로 세분화해 살펴봅시다.

현재	긍정형	な형용사의 어간/い형용사+です = ____입니다[이에요]
	부정형	い(な)형용사의 어간+く(じゃ)+ありません = ____지 않습니다[않아요]
	긍정 의문형	な형용사의 어간/い형용사+ですか = ____입니까[이에요]?
	부정 의문형	い(な)형용사의 어간+く(じゃ)+ないですか = ____지 않아요[않습니까]?
과거	긍정형	い(な)형용사의 어간+かったです(でした) = ____였습니다[였어요]

과거	부정형	い(な)형용사의 어간+く(じゃ)+ありませんでした = ____지 않았습니다[않아요]
	긍정 의문형	い(な)형용사의 어간+かったですか(でしたか) = ____였습니까[였어요]?
	부정 의문형	い(な)형용사의 어간+く(じゃ)+ありませんでしたか = ____지 않았습니까[않았어요]?

반말체 [형용사] 문장

반말체 [형용사] 문장 역시 아래와 같이 '현재, 과거' 시제로 나눈 다음 '긍정형, 부정형, 긍정 의문형, 부정 의문형'으로 세분화해 살펴봅시다.

현재	긍정형	い형용사의 기본형 / な형용사의 어간(+だ) = ____이다[야]
	부정형	い(な)형용사의 어간+く(じゃ)+ない = ____지 않다[않아]
	긍정 의문형	い형용사+の? / な형용사의 어간(+なの)? = ____야?
	부정 의문형	い(な)형용사의 어간+く(じゃ)+ ない? = ____지 않아?
과거	긍정형	い(な)형용사의 어간+かった(だった) = ____였다[였어]
	부정형	い(な)형용사의 어간+く(じゃ)+なかった = ____지 않았다[않았어]
	긍정 의문형	い(な)형용사의 어간+かったの(だった)? = ____였어?
	부정 의문형	い(な)형용사의 어간+く(じゃ)+なかった? = ____지 않았어?

____월 ____일

STEP 3 일본어 [동사] 문장

일본어 동사는 크게 '1그룹(2/3그룹을 제외한 모든 동사), 2그룹(る로 끝나면서 る의 앞 음절이 い/え단인 동사), 3그룹(단 2개, 来る(くる), する), 예외1그룹(형태는 2그룹인데 1그룹처럼 활용되는 동사)'로 나뉩니다. 오늘은 일본어 [동사] 문장을 살펴봅시다.

높임체 [동사] 문장

높임체 [동사] 문장 역시 아래와 같이 '현재, 과거' 시제로 나눈 다음 '긍정형, 부정형, 긍정 의문형, 부정 의문형'으로 세분화해 살펴봅시다.

현재	긍정형	[1그룹] 어미를 'い단'으로 변경+ます = ____합니다[해요] [2그룹] 어미(る) 탈락+ます = ____합니다[해요] [3그룹] する(하다) → します(합니다[해요]) 来(く)る(오다) → 来(き)ます(옵니다[와요])
	부정형	'높임체 현재 긍정형'에서 ます→ません = ____하지 않습니다[않아요]
	긍정 의문형	'높임체 현재 긍정형'에서 ます→ますか = ____합니까[해요]?
	부정 의문형	'높임체 현재 긍정형'에서 ます→ませんか = ____하지 않습니까[않아요]?
과거	긍정형	'높임체 현재 긍정형'에서 ます→ました = ____했습니다[했어요]
	부정형	'높임체 현재 긍정형'에서 ます→ませんでした = ____하지 않았습니다[않았어요]
	긍정 의문형	'높임체 현재 긍정형'에서 ます→ましたか = ____했습니까[했어요]?
	부정 의문형	'높임체 현재 긍정형'에서 ます→ませんでしたか = ____하지 않았습니까[않았어요]?

반말체 [동사] 문장

반말체 [동사] 문장 역시 아래와 같이 '현재, 과거' 시제로 나눈 다음 '긍정형, 부정형, 긍정 의문형, 부정 의문형'으로 세분화해 살펴봅시다.

<table>
<tr><td rowspan="4">현재</td><td>긍정형</td><td>동사의 기본형 = ____한다[해]</td></tr>
<tr><td>부정형</td><td>[1그룹] 어미를 'あ단'으로 변경+ない = ____하지 않(는)다
(*단, う로 끝나는 동사는 어미를 わ로 변경)
[2그룹] 어미(る) 탈락+ない = ____하지 않(는)다
[3그룹] する(하다) → しない(하지 않(는)다)
来(く)る(오다) → 来(こ)ない (오지 않(는)다)</td></tr>
<tr><td>긍정 의문형</td><td>반말체 현재 긍정형? = (제안) ____할래[할까]?</td></tr>
<tr><td>부정 의문형</td><td>반말체 현재 부정형? = (제안) ____하지 않을래?</td></tr>
<tr><td rowspan="4">과거</td><td>긍정형</td><td>[1그룹]
(*1그룹 동사는 어미에 따라 반말체 과거 긍정형이 다름.)
어미가 く인 동사의 어간+いた = ____했다[했어]
어미가 ぐ인 동사의 어간+いだ = ____했다[했어]
어미가 う/つ/る인 동사의 어간+った = ____했다[했어]
어미가 す인 동사의 어간+した = ____했다[했어]
어미가 む/ぬ/ぶ인 동사의 어간+んだ = ____했다[했어]
[2그룹] 어미(る) 탈락+た = ____했다[했어]
[3그룹] する(하다 → した(했다[했어])
来(く)る(오다) → 来(き)た(왔다[왔어])</td></tr>
<tr><td>부정형</td><td>'반말체 현재 부정형'에서 ない→なかった
= ____하지 않았다[않았어]</td></tr>
<tr><td>긍정 의문형</td><td>반말체 과거 긍정형(+の)?
= (왜) ____했어?</td></tr>
<tr><td>부정 의문형</td><td>반말체 과거 부정형(+の)?
= (왜) ____하지 않았어?</td></tr>
</table>

매일 1장 일본어 쓰기 습관 100일의 기적

私は日本語の勉強をする

CHAPTER 01

연결해서 말하기

001 マクドナルドでハッピーセットを食べて家に帰りました。

002 弟が生まれて嬉しいです。

003 靴下を履かないで靴を履く人もいる。

004 声がよく聞こえなくて少しボリュームを上げました。

005 アメリカーノとカフェラテを一つずつください。

006 連絡先を教えてください。

007 リモコン取って。

008 私を一人にしないでください。

009 気にしないで。

010 また遊びに来てね。

準備ができました

MP3_001

DAY 001

____월____일

マクドナルドでハッピーセットを食べて家に帰りました。

(た: 食, いえ: 家, かえ: 帰)

맥도날드에서 해피밀을
먹고 집에 돌아갔습니다.

문장 파헤치기

동사의 て형 = ~하고

동사의 **て**형은 '~하고 (~한다)'와 같이 두 행위를 연이어 한다고 말할 때 사용.
(*동사의 **て**형은 **た**형과 동일한 방식으로 활용됨.)

食べる(た) = 먹다 (*2그룹 동사의 **て**형은 **る**를 삭제한 뒤 **て**를 붙임.)

→ **食べ~~る~~** → **食べて** = 먹고

帰る(かえ) = 돌아가다 → **帰りました**(かえ) = 돌아갔습니다

マクドナルド = 맥도날드 / **ハッピーセット** = 해피밀 (메뉴 이름) / **家**(いえ) = 집

マクドナルドで	ハッピーセットを	食べて(た)
맥도날드에서	해피밀을	먹고

家に(いえ)	帰りました。(かえ)
집에	돌아갔습니다.

문장 3번 따라 쓰기

응용 문장 2번씩 쓰기

① 스마트폰을 깜빡하고 외출했습니다.

힌트 スマホ = 스마트폰 / 忘(わす)れる = 잊다, 깜빡하다 / 出(で)かける = 외출하다

② 항상 추리닝으로 갈아입고 헬스장에 갑니다.

힌트 ジャージ = 추리닝 / 着替(きが)える = 갈아입다 / ジム = 헬스장

응용 문장 모범 답안

① スマホを忘(わす)れて出(で)かけました。

② いつもジャージに着替(きが)えてジムに行(い)きます。

MP3_002

DAY 002

____월____일

弟(おとうと)が生(う)まれて嬉(うれ)しいです。

남동생이 태어나서 기뻐요.

문장 파헤치기

동사의 て형 = ~해서

동사의 **て**형은 '~해서 (~이다/한다)'와 같이 '이유'를 말할 때에도 사용.

生(う)まれる = 태어나다

→ **生(う)まれる** → **生(う)まれて** = 태어나서

嬉(うれ)しい = 기쁘다 → **嬉(うれ)しいです** = 기뻐요

生(う)まれて嬉(うれ)しいです = 태어나서 기뻐요

弟(おとうと) = 남동생

弟(おとうと)が	生(う)まれて	嬉(うれ)しいです。
남동생이	태어나서	기뻐요.

문장 3번 따라 쓰기

○

○

○

응용 문장 2번씩 쓰기

① 오늘은 비가 와서 추워요.

힌트 雨(あめ)が降(ふ)る = 비가 내리다 / 寒(さむ)い = 춥다

○

○

② 감기에 걸려서 아르바이트를 쉬었습니다.

힌트 風邪(かぜ)を引(ひ)く = 감기에 걸리다 / アルバイト(= バイト) = 아르바이트

○

○

응용 문장 모범 답안

① 今日(きょう)は雨(あめ)が降(ふ)って寒(さむ)いです。

② 風邪(かぜ)を引(ひ)いてアルバイトを休(やす)みました。

DAY 003

____월____일

MP3_003

靴下(くつした)を履(は)かないで
靴(くつ)を履(は)く人(ひと)もいる。

양말을 신지 않고

신발을 신는 사람도 있어.

문장 파헤치기

동사의 ない형+で = ~하지 않고, ~하지 말고

위와 같이 동사의 '반말체 현재 부정형(**ない**형)' 뒤에 **で**를 붙여 말하면
'~하지 않고 (~한다)'와 같이 두 행위를 연이어 말할 수 있음.

履(は)く = 신다, (하의를) 입다

(*1그룹 동사의 **ない**형은 어미가 **あ**단으로 변화됨.)

→ **履(は)か**ないで = 신지 않고, (하의를) 입지 않고

靴下(くつした) = 양말 / **靴(くつ)** = 신발, 구두

履(は)く人(ひと) = 신는 사람

靴下(くつした)を	履(は)かないで	靴(くつ)を	履(は)く人(ひと)もいる。
양말을	신지 않고	신발을	신는 사람도 있어.

문장 3번 따라 쓰기

응용 문장 2번씩 쓰기

① 아무것도 생각하지 않고 결정하는 타입이에요.

힌트 何(なに)も = 아무것도 / 考(かんが)える = 생각하다 / 決(き)める = 결정하다

② 바빠서 자지 않고 일했어.

힌트 忙(いそが)しい = 바쁘다 / 寝(ね)る = 자다 / 仕事(しごと)する = 일하다

응용 문장 모범 답안

① 何(なに)も考(かんが)えないで決(き)めるタイプです。

② 忙(いそが)しくて寝(ね)ないで仕事(しごと)した。

DAY 004

MP3_004

____월____일

声(こえ)がよく聞(き)こえなくて 少(すこ)しボリュームを上(あ)げました。

목소리가 잘 안 들려서
조금 볼륨을 높였습니다.

문장 파헤치기

동사 ない형의 어간(な)+くて = ~하지 않아서, 안 ~해서

동사의 '반말체 현재 부정형(**ない**형)'의 어간(**な**) 뒤에 **くて**를 붙여 말하면 '~하지 않아서 (~이다/한다)'와 같이 어떠한 상태/행동의 이유를 말할 수 있음.

聞(き)こえる = 들리다 (*2그룹 동사의 **ない**형은 **る**를 삭제한 뒤 **ない**를 붙임.)
→ **聞(き)こえ~~る~~** → **聞(き)こえ**なくて = 들리지 않아서, 안 들려서
声(こえ) = 목소리 / **よく** = 잘
少(すこ)し = 조금 / **ボリュームを上(あ)げる** = 볼륨을 높이다

声(こえ)が | よく | 聞(き)こえなくて |
목소리가 잘 안 들려서
少(すこ)し | ボリュームを上(あ)げました。
조금 볼륨을 높였습니다.

문장 3번 따라 쓰기

응용 문장 2번씩 쓰기

① 일이 안 끝나서 오늘도 야근이에요.

힌트 仕事(しごと) = 일, 업무 / 終(お)わる = 끝나다 / 残業(ざんぎょう) = 잔업, 야근

② 아이가 공부를 안 해서 걱정이에요.

힌트 子供(こども) = 아이, 자식 / 勉強(べんきょう)をする = 공부를 하다 / 心配(しんぱい)だ = 걱정스럽다

응용 문장 모범 답안

① 仕事(しごと)が終(お)わらなくて今日(きょう)も残業(ざんぎょう)です。

② 子供(こども)が勉強(べんきょう)をしなくて心配(しんぱい)です。

DAY 005

____월____일

MP3_005

アメリカーノとカフェラテを ひと一つずつください。

아메리카노랑 카페라떼를
하나씩 주세요.

문장 파헤치기

~をください = ~을(를) 주세요

ください는 상대방에게 무언가를 요구할 때 쓰는 표현.
(*보통 식당에서 음식을 시키거나 가게에서 물건을 살 때 잘 사용하는 표현.)

アメリカーノ = 아메리카노

カフェラテ = 카페라떼

→ **アメリカーノとカフェラテを**ください

= 아메리카노랑 카페라떼를 주세요

一つ(ひと)(하나)+**ずつ**(~씩) → **一つずつ**(ひと) = 하나씩

アメリカーノとカフェラテを	一つずつ(ひと)	ください。
아메리카노랑 카페라떼를	하나씩	주세요.

문장 3번 따라 쓰기

응용 문장 2번씩 쓰기

① 더 큰 사이즈를 주세요.

힌트 もっと = 더 / 大(おお)きいサイズ = 큰 사이즈

② 조금만 시간을 주세요.

힌트 少(すこ)しだけ = 조금만 / 時間(じかん) = 시간

응용 문장 모범 답안

① もっと大(おお)きいサイズをください。

② 少(すこ)しだけ時間(じかん)をください。

MP3_006

DAY 006

____월 ____일

れんらくさき　おし
連絡先を教えてください。

연락처를 알려 주세요.

문장 파헤치기

동사의 て형+ください = ~해 주세요

'동사의 **て**형+**ください** = ~**てください**'는
상대방에게 어떠한 행위를 해 달라고 요구할 때 쓰는 표현.

おし
教える = 가르치다, 알리다

→ **教える** → **教え**てください = 가르쳐 주세요, 알려 주세요

~**を教え**てください = ~을[를] 가르쳐 주세요, ~을[를] 알려 주세요

れんらくさき
連絡先 = 연락처

れんらくさき **連絡先を**	おし **教え**てください。
연락처를	알려 주세요.

문장 3번 따라 쓰기

응용 문장 2번씩 쓰기

① 여기서 신발을 벗어 주세요.

힌트 こちらで = 여기서 / 靴(くつ) = 신발 / 脱(ぬ)ぐ = 벗다

② 찬성하시는 분은 손을 들어 주세요.

힌트 賛成(さんせい)の方(かた) = 찬성하시는 분 / 手(て)を挙(あ)げる = 손을 들다

응용 문장 모범 답안

① こちらで靴(くつ)を脱(ぬ)いでください。

② 賛成(さんせい)の方(かた)は手(て)を挙(あ)げてください。

MP3_007

DAY 007

____월 ____일

リモコン取(と)って。

리모컨 집어 줘.

문장 파헤치기

동사의 て형+(ください 생략) = ~해 줘

동사의 **て**형 뒤에 **ください**를 생략하고 문장을 ~**て**로만 완료하면 반말체가 됨.

取(と)る = 잡다, 집다

(***る**로 끝나는 1그룹 동사의 **て**형은 **る**가 **っ**로 바뀌면서 뒤에 **て**가 붙음.)

→ **取(と)って** = 잡아 줘, 집어 줘

リモコン = 리모컨

→ **リモートコントロール**의 줄임말.

リモコン	取(と)って。
리모컨	집어 줘.

문장 3번 따라 쓰기

○

○

○

응용 문장 2번씩 쓰기

① 좀 더 기다려 줘.

힌트 もうちょっと = 좀 더 / 待(ま)つ = 기다리다

○

○

② 나한테도 보여 줘. (= 나도 보여 줘.)

힌트 私(わたし)にも = 나한테도 / 見(み)せる = 보여 주다

○

○

응용 문장 모범 답안

① もうちょっと待(ま)って。

② 私(わたし)にも見(み)せて。

DAY 008

____월 ____일

MP3_008

私(わたし)を一人(ひとり)にしないでください。

저를 혼자 두지 마세요.

문장 파헤치기

동사의 ない형+でください = ~하지 마세요, ~하지 말아 주세요

'동사의 **ない**형+**でください** = ~**ないでください**'는
상대방에게 어떠한 행위를 하지 말라고 지시할 때 쓰는 표현.

一人(ひとり)にする = 혼자 두다

(*3그룹 동사 **する**를 **ない**형으로 만들 경우 **する**가 **し**로 변화됨.)

→ **一人(ひとり)にし**ないでください = 혼자 두지 마세요[말아 주세요]

私(わたし)を	**一人(ひとり)にし**ないでください。
저를	혼자 두지 마세요.

문장 3번 따라 쓰기

응용 문장 2번씩 쓰기

① 그렇게 화내지 마세요.

힌트 そんなに = 그렇게 / 怒(おこ)る = 화내다

② 마음대로 만지지 마세요.

힌트 勝手(かって)に = 마음대로, 제멋대로 / 触(さわ)る = 만지다, 닿다

응용 문장 모범 답안

① そんなに怒(おこ)らないでください。

② 勝手(かって)に触(さわ)らないでください。

DAY 009

MP3_009

____월 ____일

気(き)にしないで。

신경 쓰지 마.

문장 파헤치기

동사의 ない형+で = ~하지 마

앞서 배운 '동사의 **ない**형+**でください**'에서 **ください**를 생략한 뒤 문장을 '~**ないで**'로 완료하면 '~**ないでください**'의 반말체가 됨.

気(き)にする = 신경 쓰다, 마음 쓰다

(*앞서 배웠듯 3그룹 동사 **する**가 **ない**형이 될 경우 **し**로 변화됨.)

→ **気(き)にし**ないで = 신경 쓰지 마, 마음 쓰지 마

気(き)にしないで

신경 쓰지 마.

문장 3번 따라 쓰기

◦

◦

◦

응용 문장 2번씩 쓰기

① 일어날 때까지 깨우지 마.

힌트 起(お)きる = 일어나다 / 起(お)こす = 깨우다

◦

◦

② 이제 울지 마.

힌트 もう = 이제 / 泣(な)く = 울다

◦

◦

응용 문장 모범 답안

① 起(お)きるまで起(お)こさないで。

② もう泣(な)かないで。

MP3_010

DAY 010

____월____일

また遊(あそ)びに来(き)てね。

또 놀러 와.

문장 파헤치기

동사의 て형+ね = ~해 (줘)

동사의 **て**형 뒤에 종조사 **ね**를 붙이면 말투에 부드러운 느낌을 주게 되어 상대방에게 어떠한 행위를 요구하거나 의뢰할 때 배려하는 어감을 줌.

遊(あそ)びに来(く)る = 놀러 오다

(*3그룹 동사 **来(く)る**의 **て**형은 **来(き)て**)

→ **遊(あそ)びに来(き)**てね = 놀러 와 (줘)

また = 또, 다시

また	遊(あそ)びに来(き)てね。
또	놀러 와 (줘).

문장 3번 따라 쓰기

응용 문장 2번씩 쓰기

① 이번 주도 힘내.

힌트 今週(こんしゅう) = 이번 주 / 頑張(がんば)る = 힘내다, 열심히 하다

② 뜨거우니까 조심해.

힌트 熱(あつ)いから = 뜨거우니까 / 気(き)をつける = 조심하다

응용 문장 모범 답안

① 今週(こんしゅう)も頑張(がんば)ってね。

② 熱(あつ)いから気(き)をつけてね。

매일 1장

일본어 쓰기 습관

100일의 기적

私は日本語の勉強をする

CHAPTER 02

현재 진행/상태/미완료형으로 말하기

011 彼女は隣の部屋で本を読んでいます。

012 今はハワイに住んでいます。

013 休みの日は一日中寝ている。

014 いつの間にか桜が咲いている。

015 僕はまだ結婚していません。

016 あまりお腹が空いていないです。

017 顔が全然変わっていない。

018 公園で遊んでいる子が私の息子です。

019 心がつながっている気がする。

020 自分の長所に気づいていないことが多いです。

準備ができました

MP3_011

DAY 011

____월____일

彼女(かのじょ)は隣(となり)の部屋(へや)で本(ほん)を読(よ)んでいます。

그녀는 옆방에서

책을 읽고 있어요.

문장 파헤치기

동사의 て형+います = ~하고 있어요[있습니다], ~하고 있는 중이에요

'동사의 **て**형+**います** = ~**ています**'는 현재 진행 중인 동작을 나타내거나 현재의 반복적인/습관적인 행동을 말할 때 쓰는 '높임체 현재 진행형'

(*또한 회화체에서는 **ています**에서 **い**가 생략 가능함.)

読(よ)む = 읽다

(***ぬ**, **ぶ**, **む**로 끝나는 1그룹 동사의 **て**형은 ~**んで**)

→ **読(よ)ん**でいます(= **読(よ)ん**でます) = 읽고 있어요

彼女(かのじょ) = 그녀 / **隣(となり)**= 옆 / **部屋(へや)** = 방 / **本(ほん)** = 책

彼女(かのじょ)は	隣(となり)の部屋(へや)で	本(ほん)を	読(よ)んでいます。
그녀는	옆방에서	책을	읽고 있어요.

문장 3번 따라 쓰기

○

○

○

응용 문장 2번씩 쓰기

① 매일 아침 요가를 하고 있어요(요가를 해요).

힌트 毎朝(まいあさ) = 매일 아침 / ヨガをする = 요가를 하다

○

○

② 7살짜리 딸은 가라테를 배우고 있어요.

힌트 娘(むすめ)= 딸 / 空手(からて) = 가라테 / 習(なら)う = 배우다

○

○

응용 문장 모범 답안

① 毎朝(まいあさ)、ヨガをしています。

② 7歳(ななさい)の娘(むすめ)は空手(からて)を習(なら)っています。

MP3_012

DAY 012

____월 ____일

今(いま)はハワイに住(す)んでいます。

지금은 하와이에
살고 있어요.

문장 파헤치기

동사의 て형+います = ~하고 있어요[있습니다], ~해요[합니다]

'동사의 **て**형+**います** = ~**ています**'는 현재 지속되고 있는 상태를 나타낼 때, 또는 현재 소유하거나 착용하고 있는 상태를 말할 때 쓰는 '높임체 상태형'이기도 함.

住(す)む = 살다

(*ぬ, ぶ, む로 끝나는 1그룹 동사의 **て**형은 ~**んで**)

→ **住(す)ん**でいます(= **住(す)ん**でます) = 살고 있어요

~**に住(す)ん**でいます(= ~**に住(す)ん**でます) = ~에 살고 있어요

今(いま) = 지금 / **ハワイ** = 하와이

今(いま)は	ハワイに	住(す)んでいます。
지금은	하와이에	살고 있어요.

문장 3번 따라 쓰기

응용 문장 2번씩 쓰기

① 자전거를 두 대 가지고 있어요.

힌트 自転車(じてんしゃ) = 자전거 / 2台(にだい) = 두 대 / 持(も)つ = 가지다, 들다

② 집에서는 안경을 쓰고 있어요.

힌트 家(いえ)では = 집에서는 / 眼鏡(めがね)をかける = 안경을 쓰다

응용 문장 모범 답안

① 自転車(じてんしゃ)を2台(にだい)持(も)っています。

② 家(いえ)では眼鏡(めがね)をかけています。

MP3_013

DAY 013

____월 ____일

休(やす)みの日(ひ)は 一日中(いちにちじゅう)寝(ね)ている。

쉬는 날은

하루 종일 자고 있어.

문장 파헤치기

동사의 て형+いる = ~하고 있다[있어], ~하고 있는 중이다[중이야]

'동사의 **て**형+**いる** = ~**ている**'는 현재 진행 중인 동작을 나타내거나 현재의 반복적인/습관적인 행동을 말할 때 쓰는 '반말체 현재 진행형'

(*또한 회화체에서는 **ている**에서 **い**가 생략 가능함.)

寝(ね)る = 자다

→ **寝(ね)ている**(= **寝(ね)てる**) = 자고 있다[있어]

休(やす)みの日(ひ) = 쉬는 날, 휴일

一日中(いちにちじゅう) = 하루 종일

休(やす)みの日(ひ)は	一日中(いちにちじゅう)	寝(ね)ている。
쉬는 날은	하루 종일	자고 있어.

문장 3번 따라 쓰기

응용 문장 2번씩 쓰기

① 하루 종일 전화로 수다 떨고 있어.

힌트 電話(でんわ)で = 전화로 / 喋(しゃべ)る = 수다 떨다, 떠들다

② 매일 많은 물을 마시고 있어.

힌트 毎日(まいにち) = 매일 / たくさんの水(みず) = 많은 물 / 飲(の)む = 마시다

응용 문장 모범 답안

① 一日中(いちにちじゅう)電話(でんわ)で喋(しゃべ)っている。

② 毎日(まいにち)たくさんの水(みず)を飲(の)んでいる。

DAY 014

MP3_014

____월 ____일

いつの間(ま)にか 桜(さくら)が咲(さ)いている。

어느덧
벗꽃이 피어 있어.

문장 파헤치기

동사의 て형+いる = ~ 하고 있다[있어], ~하다[해]

'동사의 **て**형+**いる** = ~**ている**'는 현재 지속되고 있는 상태를 나타낼 때,
또는 현재 소유하거나 착용하고 있는 상태를 말할 때 쓰는 '반말체 상태형'이기도 함.

咲(さ)く = (꽃이) 피다

(*く로 끝나는 1그룹 동사의 **て**형은 ~**いて**)

→ **咲(さ)い**ている(= **咲(さ)い**てる) = (꽃이) 피어 있다[있어]

いつの間(ま)にか = 어느덧, 어느새인가, 모르는 사이에

桜(さくら) = 벗꽃

いつの間(ま)にか	桜(さくら)が	咲(さ)いている。
어느덧	벗꽃이	피어 있어.

문장 3번 따라 쓰기

응용 문장 2번씩 쓰기

① 옛날부터 서로 알고 있어.

힌트 昔(むかし)から = 옛날부터 / お互(たが)い = 서로 / 知(し)る = (정보, 지식 등을) 알다

② 트렁크는 제대로 닫혀 있어.

힌트 トランク = 트렁크 / しっかり = 확실히, 꽉, 제대로 / 閉(し)まる = 닫히다

응용 문장 모범 답안

① 昔(むかし)からお互(たが)い知(し)っている。

② トランクはしっかり閉(し)まっている。

DAY 015

MP3_015

____월 ____일

僕(ぼく)はまだ 結婚(けっこん)していません。

저는 아직
결혼하지 않았어요.

문장 파헤치기

동사의 て형+いません = ~하지 않았어요[않았습니다]

'동사의 **て**형+**いません** = ~**ていません**'는 어떠한 행위를 하지 않은 상태가 과거에서 현재까지 지속되고 있음을 표현할 때 쓰는 '높임체 미완료형'

(*또한 회화체에서는 **ていません**에서 **い**가 생략 가능함.)

結婚(けっこん)する = 결혼하다

→ **結婚(けっこん)し**ていません(= **結婚(けっこん)し**てません) = 결혼하지 않았어요

僕(ぼく) = 나 ('남성'이 본인을 가리킬 때 쓰는 1인칭 대명사)

まだ = 아직

僕(ぼく)は	まだ	結婚(けっこん)していません。
저는	아직	결혼하지 않았어요.

문장 3번 따라 쓰기

응용 문장 2번씩 쓰기

① 상품이 아직 도착하지 않았어요.

힌트 商品(しょうひん) = 상품 / 届(とど)く = 닿다, 도달하다, 도착하다

② 선생님의 수업 영상은 아직 보지 않았어요.

힌트 先生(せんせい) = 선생님 / 授業(じゅぎょう) = 수업 / 動画(どうが) = 영상, 동영상 / 見(み)る = 보다

응용 문장 모범 답안

① 商品(しょうひん)がまだ届(とど)いていません。

② 先生(せんせい)の授業(じゅぎょう)の動画(どうが)はまだ見(み)ていません。

MP3_016

DAY 016

____월____일

あまりお腹(なか)が空(す)いていないです。

별로 배가
고프지 않아요.

문장 파헤치기

동사의 て형+いないです = ~하지 않았어요[않았습니다]

'동사의 **て**형+**いないです** = ~**ていないです**'는 어떠한 행위를 하지 않은 상태가 과거에서 현재까지 지속되고 있음을 표현할 때 쓰는 '높임체 미완료형'

(*또한 회화체에서는 **ていないです**에서 **い**가 생략 가능함.)

空(す)く = 비다

→ **空(す)い**ていないです(= **空(す)い**てないです) = 비지 않았어요

お腹(なか)が空(す)いていないです = 배가 비지 않았어요 → 배가 고프지 않아요

あまり = 별로, 그다지

あまり	お腹(なか)が	空(す)いていないです。
별로	배가	고프지 않아요.

문장 3번 따라 쓰기

응용 문장 2번씩 쓰기

① 사장님한테 아무것도 못 들었어요.

힌트 社長(しゃちょう)から = 사장님한테 / 何(なに)も = 아무것도 / 聞(き)く = 듣다

② 아직 전철이 안 왔어요.

힌트 電車(でんしゃ) = 전철 / 来(く)る = 오다

응용 문장 모범 답안

① 社長(しゃちょう)から何(なに)も聞(き)いていないです。

② まだ電車(でんしゃ)が来(き)ていないです。

MP3_017

DAY 017

____월____일

顔(かお)が全然(ぜんぜん)
変(か)わっていない。

얼굴이 하나도

안 변했어.

문장 파헤치기

동사의 て형+いない = ~하지 않았다[않았어]

'동사의 **て**형+**いない** = ~**ていない**'는 어떠한 행위를 하지 않은 상태가 과거에서 현재까지 지속되고 있음을 표현할 때 쓰는 '반말체 미완료형'

(*또한 회화체에서는 **ていない**에서 **い**가 생략 가능함.)

変(か)わる = 변하다, 바뀌다

→ **変(か)わっ**ていない(= **変(か)わっ**てない) = 변하지 않았어 → 안 변했어

顔(かお) = 얼굴

全然(ぜんぜん) = 전혀, 하나도

顔(かお)が	全然(ぜんぜん)	変(か)わっていない。
얼굴이	하나도	안 변했어.

문장 3번 따라 쓰기

응용 문장 2번씩 쓰기

① 과음해서 기억이 안 나.

힌트 飲(の)み過(す)ぎる = 과음하다 / 覚(おぼ)える = 기억이 나다, 외우다

② 병에 걸린 것을 아무에게도 말하지 않았어.

힌트 病気(びょうき)のこと = 병에 걸린 것 / 誰(だれ)にも = 아무에게도 / 話(はな)す = 말하다

응용 문장 모범 답안

① 飲(の)み過(す)ぎて覚(おぼ)えていない。

② 病気(びょうき)のことを誰(だれ)にも話(はな)していない。

MP3_018

DAY 018

____월____일

公園(こうえん)で遊(あそ)んでいる子(こ)が 私(わたし)の息子(むすこ)です。

공원에서 놀고 있는 아이가

제 아들이에요.

문장 파헤치기

동사의 て형+いる+명사 = ~하고 있는 ~, ~하는 ~

앞서 배웠듯이 '~**ている**'는 현재 진행 중인 동작을 나타내거나
현재의 반복적인/습관적인 행동을 말할 때 쓰는 '반말체 현재 진행형'인데
'명사 앞에서 명사를 수식'하는 것이 가능.

遊(あそ)ぶ = 놀다 / **子(こ)** = 아이, 자식

→ **遊(あそ)んでいる(= 遊(あそ)んでる)子(こ)** = 놀고 있는 아이

公園(こうえん) = 공원

息子(むすこ) = 아들

公園(こうえん)で	遊(あそ)んでいる子(こ)が	私(わたし)の息子(むすこ)です。
공원에서	놀고 있는 아이가	제 아들이에요.

문장 3번 따라 쓰기

응용 문장 2번씩 쓰기

① 요새 일본에서 유행하고 있는 곡은 뭐예요?

힌트 最近(さいきん) = 요새, 최근 / 流行(はや)る = 유행하다 / 曲(きょく) = 곡

② 항상 웃고 있는 사람이 좋아(사람을 좋아해).

힌트 いつも = 항상, 늘 / 笑(わら)う = 웃다 / 好(す)きだ = 좋아한다

응용 문장 모범 답안

① 最近日本(さいきんにほん)で流行(はや)っている曲(きょく)は何(なん)ですか。

② いつも笑(わら)っている人(ひと)が好(す)きだ。

DAY 019

____월 ____일

MP3_019

心(こころ)が
つながっている気(き)がする。

마음이
이어져 있는 기분이 들어.

문장 파헤치기

동사의 て형+いる+명사 = ~하고 있는 ~, ~하는 ~

앞서 배웠듯이 '~**ている**'는 현재 지속되고 있는 상태를 나타낼 때, 또는 현재 소유하거나 착용하고 있는 상태를 말할 때 쓰는 '반말체 상태형'이기도 한데 이 역시 '명사 앞에서 명사를 수식'하는 것이 가능.

つながる = 이어지다, 연결되다 / **気(き)** = 기분

→ **つながっている(= つながってる)気(き)** = 이어져 있는 기분

心(こころ) = 마음

気(き)がする = 기분[느낌]이 들다

心(こころ)が | **つながっている気(き)がする。**

마음이 　 이어져 있는 기분이 들어.

문장 3번 따라 쓰기

응용 문장 2번씩 쓰기

① 연예인을 닮은(닮아 있는) 친구가 있어요.

힌트 芸能人(げいのうじん) = 연예인 / (に)似(に)る =(~을) 닮다 / 友達(ともだち) = 친구

② 이것을 입고 있는 날은 왠지 컨디션이 좋아요.

힌트 着(き)る = 입다 / 日(ひ) = 날 / 何(なん)だか = 왠지 / 調子(ちょうし)がいい = 컨디션이 좋다

응용 문장 모범 답안

① 芸能人(げいのうじん)に似(に)ている友達(ともだち)がいます。

② これを着(き)ている日(ひ)は何(なん)だか調子(ちょうし)がいいです。

MP3_020

DAY 020

____월____일

自分(じぶん)の長所(ちょうしょ)に
気(き)づいていないことが多(おお)いです。

본인의 장점을

알아채지 못하는 경우가 많아요.

문장 파헤치기

동사의 て형+いない+명사 = ~하지 않은 ~

앞서 배웠듯이 '~**ていない**'는 어떠한 행위를 하지 않은 상태가
과거에서 현재까지 지속되고 있음을 표현할 때 쓰는 '반말체 미완료형'인데
'명사 앞에서 명사를 수식'하는 것이 가능.

気(き)づく = 알아채다, 눈치채다, 깨닫다 / **こと** = 일, 것, 경우, 사실

→ **気(き)づい**ていない(= **気(き)づい**てない)**こと** = 알아채지 못하는 경우

自分(じぶん) = 본인, 자기 / **長所(ちょうしょ)** = 장점 / **多(おお)い** = 많다

自分(じぶん)の長所(ちょうしょ)に |
본인의 장점을

気(き)づいていないことが | 多(おお)いです。
알아채지 못하는 경우가 많아요.

문장 3번 따라 쓰기

응용 문장 2번씩 쓰기

① 호텔에 조식이 포함되지 않은 패키지도 있어.

힌트 ホテル = 호텔 / 朝食(ちょうしょく)が付(つ)く = 조식이 포함되다 / プラン = 패키지, 플랜

② 샀지만 아직 입지 않은 옷이 많이 있어요.

힌트 買(か)ったけど = 샀지만 / 着(き)る = 입다 / たくさん = 많이 / 服(ふく) = 옷

응용 문장 모범 답안

① ホテルに朝食(ちょうしょく)が付(つ)いていないプランもある。

② 買(か)ったけどまだ着(き)ていない服(ふく)がたくさんあります。

매일 1장

일본어 쓰기 습관

100일의 기적

私は日本語の勉強をする

CHAPTER 03

과거 진행/완료형으로 말하기

準備ができました

MP3_021

DAY 021

____월____일

いちねんかん だいがく
1年間イギリスの大学に
かよ
通っていました。

1년 동안 영국 대학에

다니고 있었어요.

문장 파헤치기

동사의 て형+いました

= ~하고 있었어요[있었습니다], ~하고는 했어요[했습니다]

'동사의 **て**형+**いました** = ~**ていました**'는 과거에 일정 기간 동안 지속되었거나 반복되었던 행동을 말할 때 쓰는 '높임체 과거 진행형'

(*또한 회화체에서는 **ていました**에서 **い**가 생략 가능함.)

かよ
通う = 다니다

→ かよ **通っていました**(= かよ **通ってました**) = 다니고 있었어요

いちねんかん
1年間 = 1년 동안

イギリス = 영국 / だいがく **大学** = 대학

いちねんかん **1年間**	だいがく **イギリスの大学に**	かよ **通っていました。**
1년 동안	영국 대학에	다니고 있었어요.

문장 3번 따라 쓰기

○

○

○

응용 문장 2번씩 쓰기

① 아이들의 귀가를 기다리고 있었어요.

힌트 子供(こども)たち = 아이들 / 帰(かえ)り = 귀가 / 待(ま)つ = 기다리다

○

○

② 얼마 전까지 토끼를 키우고 있었어요.

힌트 最近(さいきん)まで = 얼마 전까지 / うさぎ = 토끼 / 飼(か)う = 키우다, 기르다

○

○

응용 문장 모범 답안

① 子供(こども)たちの帰(かえ)りを待(ま)っていました。

② 最近(さいきん)までうさぎを飼(か)っていました。

MP3_022

DAY 022

____월____일

あっという間(ま)に 映画(えいが)が終(お)わっていました。

눈 깜짝할 사이에
영화가 끝나있었어요.

문장 파헤치기

동사의 て형+いました = ~해있었어요[있었습니다]

'동사의 **て**형+**いました** = ~**ていました**'는 과거의 어느 시점에 특정 행위가 완료되었다고 말할 때 쓰기도 하는 '높임체 과거 완료형'
(*또한 회화체에서는 **ていました**에서 **い**가 생략 가능함.)

終(お)わる = 끝나다
→ **終(お)わっ**ていました(= **終(お)わっ**てました) = 끝나있었어요
あっという間(ま)に = 눈 깜짝할 사이에
映画(えいが) = 영화

あっという間(ま)に	映画(えいが)が	終(お)わっていました。
눈 깜짝할 사이에	영화가	끝나있었어요.

문장 3번 따라 쓰기

응용 문장 2번씩 쓰기

① 몸무게가 일주일에 3킬로나 줄어있었어요.

힌트 体重(たいじゅう) = 몸무게 / 一週間(いっしゅうかん)で = 일주일에 / 3(さん)キロも = 3킬로나 / 減(へ)る = 줄다

② 역 앞에 새가 죽어있었습니다.

힌트 駅前(えきまえ)に = 역 앞에 / 鳥(とり) = 새 / 死(し)ぬ = 죽다

응용 문장 모범 답안

① 体重(たいじゅう)が一週間(いっしゅうかん)で３(さん)キロも減(へ)っていました。

② 駅前(えきまえ)に鳥(とり)が死(し)んでいました。

MP3_023

DAY 023

____월____일

去年(きょねん)まで田舎(いなか)の病院(びょういん)で働(はたら)いていた。

작년까지 시골에 있는 병원에서
일하고 있었어.

문장 파헤치기

동사의 て형+いた = ~하고 있었어[있었다], ~하고는 했어[했다]

'동사의 **て**형+**いた** = ~**ていた**'는 과거에 일정 기간 동안 지속되었거나 반복되었던 행동을 말할 때 쓰는 '반말체 과거 진행형'

(*또한 회화체에서는 **ていた**에서 **い**가 생략 가능함.)

働(はたら)く = 일하다, 노동하다

→ **働(はたら)い**ていた(= **働(はたら)い**てた) = 일하고 있었어[있었다]

去年(きょねん) = 작년

田舎(いなか) = 시골 / **病院(びょういん)** = 병원

去年(きょねん)まで	田舎(いなか)の病院(びょういん)で	働(はたら)いていた。
작년까지	시골에 있는 병원에서	일하고 있었어.

문장 3번 따라 쓰기

응용 문장 2번씩 쓰기

① 짜증이 났을 때는 항상 껌을 씹고는 했어.

힌트 イライラした時(とき) = 짜증이 났을 때 / いつも = 항상 / ガムを噛(か)む = 껌을 씹다

② 그때는 친구와 함께 동트기 전까지 노래하고는 했어.

힌트 あの頃(ころ) = 그때 / 一緒(いっしょ)に = 함께 / 夜明(よあ)けまで = 동 트기 전까지 / 歌(うた)う = 노래하다

응용 문장 모범 답안

① イライラした時(とき)はいつもガムを噛(か)んでいた。

② あの頃(ころ)は友達(ともだち)と一緒(いっしょ)に夜明(よあ)けまで歌(うた)っていた。

DAY 024

____월____일

MP3_024

ドアの前(まえ)に一通(いっつう)の手紙(てがみ)が落(お)ちていた。

문 앞에 한 통의 편지가
떨어져있었어.

문장 파헤치기

동사의 て형+いた = ~해있었어[있었다]

'동사의 て형+いた = ~ていた'는 과거 어느 시점에
특정 행위가 완료되었다고 말할 때 쓰기도 하는 '반말체 과거 완료형'
(*또한 회화체에서는 ていた에서 い가 생략 가능함.)

落(お)ちる = 떨어지다
→ 落(お)ちていた(= 落(お)ちてた) = 떨어져있었어[있었다]

ドア = 문

一通(いっつう) = 한 통 / 手紙(てがみ) = 편지

ドアの前(まえ)に | 一通(いっつう)の手紙(てがみ)が | 落(お)ちていた。
문 앞에 | 한 통의 편지가 | 떨어져있었어.

문장 3번 따라 쓰기

응용 문장 2번씩 쓰기

① 이틀 전에 산 장미꽃이 시들어있었어.

힌트 二日前(ふつかまえ)に = 이틀 전에 / 買(か)う = 사다 / バラの花(はな) = 장미꽃 / 枯(か)れる = 시들다

② 아쉽게도 배달된 요리가 식어있었어.

힌트 残念(ざんねん)ながら = 아쉽게도 / 届(とど)く = 도착하다, 배달되다 / 料理(りょうり) = 요리 / 冷(さ)める = 식다

응용 문장 모범 답안

① 二日前(ふつかまえ)に買(か)ったバラの花(はな)が枯(か)れていた。

② 残念(ざんねん)ながら、届(とど)いた料理(りょうり)が冷(さ)めていた。

MP3_025

DAY 025

____월____일

彼(かれ)とは半年(はんとし)しか 付(つ)き合(あ)っていませんでした。

그와는 반 년밖에

사귀지 않았습니다.

문장 파헤치기

동사의 て형+いませんでした

= ~하고 있지 않았어요[않았습니다], ~하지 않았어요[않았습니다]

'동사의 **て**형+**いませんでした** = ~**ていませんでした**'는 과거 일정 기간에 걸쳐 지속적[반복적]으로 하지 않은 행위를 말할 때 쓰는 '높임체 과거 부정 진행형'

(*또한 회화체에서는 **ていませんでした**에서 **い**가 생략 가능함.)

付(つ)き合(あ)う = 사귀다, 교제하다

→ **付(つ)き合(あ)って**(い)ませんでした = 사귀지 않았어요[않았습니다]

半年(はんとし) = 반 년

~しか = ~밖에

彼(かれ)とは	半年(はんとし)しか	付(つ)き合(あ)っていませんでした。
그와는	반 년밖에	사귀지 않았습니다.

문장 3번 따라 쓰기

○

○

○

응용 문장 2번씩 쓰기

① 호텔에는 아무도 숙박하고 있지 않았습니다.

힌트 ホテルには = 호텔에는 / 誰(だれ)も = 아무도 / 泊(と)まる = 숙박하다, 머무르다

○

○

② 그 당시에는 재택근무를 하고 있지 않았어요.

힌트 その当時(とうじ)は = 그 당시에는 / リモートワークをする = 재택근무[원격근무]를 하다

○

○

응용 문장 모범 답안

① ホテルには誰(だれ)も泊(と)まっていませんでした。

② その当時(とうじ)はリモートワークをしていませんでした。

DAY 026

____월____일

MP3_026

ほとんど売(う)り切(き)れて、何(なに)も残(のこ)っていませんでした。

거의 다 팔려서

아무것도 남아있지 않았습니다.

문장 파헤치기

동사의 て형+いませんでした = ~하지 않았어요[않았습니다]

'동사의 **て**형+**いませんでした** = ~**ていませんでした**'는 과거 어느 시점에 특정 행위가 이뤄지지 않았다고 말할 때 쓰기도 하는 '높임체 과거 부정 완료형'

(*또한 회화체에서는 **ていませんでした**에서 **い**가 생략 가능함.)

残(のこ)る = 남다

→ **残(のこ)っ**て(い)ませんでした = 남아있지 않았어요[않았습니다]

ほとんど = 거의 / **売(う)り切(き)れる** = 다 팔리다, 품절되다 / **何(なに)も** = 아무것도

ほとんど	売(う)り切(き)れて、
거의	다 팔려서

何(なに)も	残(のこ)っていませんでした。
아무것도	남아있지 않았습니다.

문장 3번 따라 쓰기

응용 문장 2번씩 쓰기

① 도로는 전혀 얼어있지 않았어요.

힌트 道路(どうろ) = 도로 / 全然(ぜんぜん) = 전혀 / 凍(こお)る = 얼다

② 시계를 보니 30분밖에 지나지 않았었어요.

힌트 時計(とけい)を見(み)ると = 시계를 보니 / ３０分(さんじゅっぷん) = 30분 / 経(た)つ = (시간이) 지나다

응용 문장 모범 답안

① 道路(どうろ)は全然(ぜんぜん)凍(こお)っていませんでした。

② 時計(とけい)を見(み)ると、30分(さんじゅっぷん)しか経(た)っていませんでした。

MP3_027

DAY 027

____월____일

さんれんきゅう
3連休のわりには
こ
混んでいなかったです。

3일 연휴치고는

붐비지 않았어요.

문장 파헤치기

동사의 て형+いなかったです = ~하고 있지 않았어요, ~하지 않았어요

위 표현은 과거 일정 기간에 걸쳐 지속적[반복적]으로 하지 않은 행위를 말할 때 쓰는 '높임체 과거 부정 진행형'이면서 과거 어느 시점에 특정 행위가 이뤄지지 않았다고 말할 때 쓰기도 하는 '높임체 과거 부정 완료형'

(*또한 회화체에서는 **ていなかったです**에서 **い**가 생략 가능함.)

こ
混む = 붐비다, 혼잡하다

こ
→ **混ん**で(い)なかったです = 붐비지 않았어요

さんれんきゅう
3連休 = 3일 연휴

~わりには = ~치고는, ~에 비해서는

さんれんきゅう こ
3連休のわりには | **混ん**でいなかったです。

3일 연휴치고는 붐비지 않았어요.

문장 3번 따라 쓰기

응용 문장 2번씩 쓰기

① 더운 날은 넥타이를 매고 있지 않았어요.

힌트 暑い日は = 더운 날은 / ネクタイを締める = 넥타이를 매다

② 어렸을 때는 뚱뚱하지 않았어요(살찐 상태가 아니었어요).

힌트 子供の頃 = 어렸을 때 / 太る = 살찌다

응용 문장 모범 답안

① 暑い日はネクタイを締めていなかったです。

② 子供の頃は太っていなかったです。

MP3_028

DAY 028

____월____일

しばらくパソコンを使(つか)っていなかった。

한동안 컴퓨터를
사용하지 않았었어.

문장 파헤치기

동사의 て형+いなかった

= ~하고 있지 않았었어[않았었다], ~하지 않았었어[않았었다]

위 표현은 과거 일정 기간에 걸쳐 지속적[반복적]으로 하지 않은 행위를
말할 때 쓰는 '반말체 과거 부정 진행형'이면서 과거 어느 시점에 특정 행위가
이뤄지지 않았다고 말할 때 쓰기도 하는 '반말체 과거 부정 완료형'
(*또한 회화체에서는 **ていなかった**에서 **い**가 생략 가능함.)

使(つか)う = 사용하다 → **使(つか)っ**て(い)なかった = 사용하지 않았었어[않았었다]

しばらく = 한동안, 당분간

パソコン = 컴퓨터,PC

しばらく	パソコンを	使(つか)っていなかった。
한동안	컴퓨터를	사용하지 않았었어.

문장 3번 따라 쓰기

○

○

○

응용 문장 2번씩 쓰기

① 한동안 본가에 얼굴을 비추지 않았었어.

힌트 実家(じっか) = 본가, 친정 / 顔(かお)を出(だ)す = 얼굴을 비추다, 참석하다

○

○

② 잘 보니 눈은 웃고 있지 않았어.

힌트 よく見(み)ると = 잘 보니(까) / 目(め) = 눈 / 笑(わら)う = 웃다

○

○

응용 문장 모범 답안

① しばらく実家(じっか)に顔(かお)を出(だ)していなかった。

② よく見(み)ると、目(め)は笑(わら)っていなかった。

MP3_029

DAY 029

____월 ____일

寂(さび)しくて泣(な)いていた夜(よる)を思(おも)い出(だ)す。

외로워서 울던 밤이
생각난다.

문장 파헤치기

동사의 て형+いた+명사 = ~하고 있던 ~, ~하던 ~

앞서 배웠듯이 '~**ていた**'는 과거 일정 기간에 걸쳐 지속적[반복적]으로 하던 행위를 말할 때 쓰는 '반말체 과거 진행형'이자 과거 어느 시점에 특정 행위가 완료되었다고 말할 때 쓰기도 하는 '반말체 과거 완료형'으로서 '명사 앞에 붙어서 명사를 수식'할 수도 있음.

泣(な)く = 울다 / **夜(よる)** = 밤
→ **泣(な)いて(い)た夜(よる)** = 울던 밤
寂(さび)しい = 외롭다
(~**を**)**思(おも)い出(だ)す** = (~이) 생각나다, (~을) 추억하다

寂(さび)しくて	泣(な)いていた夜(よる)を	思(おも)い出(だ)す。
외로워서	울던 밤이	생각난다.

문장 3번 따라 쓰기

응용 문장 2번씩 쓰기

① 무더운 날이 지속되던 여름도 마침내 끝난다.

힌트 蒸(む)し暑(あつ)い日(ひ) = 무더운 날 / 続(つづ)く = 지속되다 / 夏(なつ) = 여름 / ようやく = 마침내

② 일본어를 포기하고 있던 사람에게 이 책을 선물했습니다.

힌트 諦(あきら)める = 포기하다 / この本(ほん) = 이 책 / プレゼントする = 선물하다

응용 문장 모범 답안

① 蒸(む)し暑(あつ)い日(ひ)が続(つづ)いていた夏(なつ)もようやく終(お)わる。

② 日本語(にほんご)を諦(あきら)めていた人(ひと)にこの本(ほん)をプレゼントしました。

DAY 030

MP3_030

____월 ____일

彼女(かのじょ)の名前(なまえ)を
覚(おぼ)えていなかったことは内緒(ないしょ)です。

그녀의 이름을

기억하고 있지 못하던 것은 비밀이에요.

문장 파헤치기

동사의 て형+いなかった+명사 = ~하고 있지 않던 ~, ~하지 않았던 ~

앞서 배웠듯이 '~**ていなかった**'는 과거 일정 기간에 걸쳐 지속적[반복적]으로 하지 않은 행위를 말할 때 쓰는 '반말체 과거 부정 진행형'이자 과거 어느 시점에 특정 행위가 이뤄지지 않았다고 말할 때 쓰는 '반말체 과거 부정 완료형'으로 '명사 앞에 붙어서 명사를 수식'할 수도 있음.

覚(おぼ)える = 기억하다, 외우다

~**こと** = (~인) 일, (~한) 것

→ **覚(おぼ)え**て(い)なかった**こと** = 기억하고 있지 못한 것, 외우지 않았던 것

彼女(かのじょ) = 그녀 / **名前(なまえ)** = 이름 / **内緒(ないしょ)** = 비밀

彼女(かのじょ)の名前(なまえ)を	覚(おぼ)えていなかったことは	内緒(ないしょ)です。
그녀의 이름을	기억하고 있지 못하던 것은	비밀이에요.

문장 3번 따라 쓰기

응용 문장 2번씩 쓰기

① 상상도 못하고 있던 일이 일어났다.

힌트 想像(そうぞう)する = 상상하다 / 起(お)きる = 일어나다, 발생하다

② 이것은 여러분들이 아직 태어나지 않았던 시절의 히트곡이에요.

힌트 みなさん = 여러분들 / 生(う)まれる = 태어나다 / 頃(ころ) = 시절 / ヒット曲(きょく) = 히트곡

응용 문장 모범 답안

① 想像(そうぞう)もしていなかったことが起(お)きた。

② これはみなさんがまだ生(う)まれていなかった頃(ころ)のヒット曲(きょく)です。

매일 1장
일본어 쓰기 습관
100일의 기적

私は日本語の勉強をする

CHAPTER 04

た/て/ない/たい형으로 말하기

031 東京ディズニーランドに遊びに行ったことがあります。

032 休みの日には家で本を読んだり、掃除をしたりしました。

033 今朝、パリに着いたばかりです。

034 ここで写真を撮ってもいいですか。

035 友達を連れて来てもいいです。

036 もう薬を飲まなくてもいいですか。

037 飛行機の中でたばこを吸ってはいけません。

038 6 時発の新幹線に乗らなくてはいけません。

039 私にも奇跡が起きてほしいです。

040 海の近くに家を建てたいです。

準備ができました

DAY 031

____월____일

MP3_031

東京(とうきょう)ディズニーランドに遊(あそ)びに行(い)ったことがあります。

도쿄디즈니랜드에

놀러 간 적이 있어요.

문장 파헤치기

동사의 た형+ことがある = ~한 적이 있다[있어]

동사의 た형+ことがない = ~한 적이 없다[없어]

동사의 た형+ことがあります = ~한 적이 있어요

동사의 た형+ことがありません(=ことがないです) = ~한 적이 없어요

遊(あそ)びに行(い)く = 놀러 가다 (**行(い)く**의 **た**형은 **行(い)った**)

→ **遊(あそ)びに行(い)っ**たことがあります = 놀러 간 적이 있어요

東京(とうきょう)ディズニーランドに

도쿄디즈니랜드에

遊(あそ)びに行(い)ったことがあります。

놀러 간 적이 있어요.

문장 3번 따라 쓰기

응용 문장 2번씩 쓰기

① 꿈이 이루어진 적이 있다.

힌트 夢(ゆめ) = 꿈 / 叶(かな)う = 이루어지다

② 후지산에 한 번도 오른 적이 없어요.

힌트 富士山(ふじさん) = 후지산 / 一度(いちど)も = 한 번도 / 登(のぼ)る = 오르다

응용 문장 모범 답안

① 夢(ゆめ)が叶(かな)ったことがある。

② 富士山(ふじさん)に一度(いちど)も登(のぼ)ったことがありません。

DAY 032

MP3_032

____월____일

休(やす)みの日(ひ)には家(いえ)で本(ほん)を読(よ)んだり、掃除(そうじ)をしたりしました。

휴일에는 집에서 책을 읽거나
청소를 하거나 했어요.

문장 파헤치기

동사의 た형+り, 동사た형+り + する = ~하거나 ~하거나 한다

위 표현은 여러 동작이나 상태를 열거하며 말할 때 사용.
(여러 동작이 아닌 한 가지 동작을 '~하거나 한다'라고 말할 때에도 사용 가능.)
그리고 마지막에 오는 동사 **する**(하다)는 높임체나 과거형 등으로 활용 가능.

本(ほん)を読(よ)む = 책을 읽다 / **掃除(そうじ)をする** = 청소를 하다
→ **本(ほん)を読(よ)ん**だり**掃除(そうじ)をし**たりしました = 책을 읽거나 청소를 하거나 했어요
休(やす)みの日(ひ) = 휴일, 쉬는 날 / ~**には** = ~에는 / **家(いえ)** = 집 / ~**で** = ~에서

休(やす)みの日(ひ)には | 家(いえ)で |
휴일에는 집에서
本(ほん)を読(よ)んだり、 | 掃除(そうじ)をしたりしました。
책을 읽거나 청소를 하거나 했어요.

문장 3번 따라 쓰기

응용 문장 2번씩 쓰기

① 우리 애는 매일 노래하기도 하고 춤추기도 한다.

힌트 うちの子(こ) = 우리 애 / 毎日(まいにち) = 매일 / 歌(うた)う = 노래하다 / 踊(おど)る = 춤추다

② 스트레스가 쌓였을 때는 단것을 먹거나 합니다.

힌트 ストレスが溜(た)まる = 스트레스가 쌓이다 / 甘(あま)いもの = 단것 / 食(た)べる = 먹다

응용 문장 모범 답안

① うちの子(こ)は毎日(まいにち)歌(うた)ったり踊(おど)ったりする。

② ストレスが溜(た)まった時(とき)は、甘(あま)いものを食(た)べたりします。

MP3_033

DAY 033

____월 ____일

今朝(けさ)、パリに 着(つ)いたばかりです。

오늘 아침, 파리에
막 도착했어요.

문장 파헤치기

동사의 た형+ばかりだ = ~한 지 얼마 안 됐다[됐어], 막 ~했다[했어]

동사의 た형+たばかりです = ~한 지 얼마 안 됐어요, 막 ~했어요

위 표현은 어떠한 행동을 하고 나서 시간이 얼마 지나지 않았다고 말할 때 사용.
그리고 뒤에 문장을 연결해서 말할 때는 '~**たばかり**' 뒤에 **で**를 붙여서
'~**たばかりで** = ~한 지 얼마 안 됐고[안 돼서]'와 같은 형태로 말함.

着(つ)く = 도착하다
→ **着(つ)い**たばかりです = 막 도착했어요
今朝(けさ) = 오늘 아침 / **パリ** = 파리

今朝(けさ)、	パリに	着(つ)いたばかりです。
오늘 아침,	파리에	막 도착했어요.

문장 3번 따라 쓰기

응용 문장 2번씩 쓰기

① 북경에서 이사를 온 지 얼마 안 됐다.

힌트 北京(ぺきん) = 북경 / 引(ひ)っ越(こ)して来(く)る = 이사를 오다

② 저녁밥을 막 먹어서 지금은 배가 불러요.

힌트 夕食(ゆうしょく) = 저녁밥 / 食(た)べる = 먹다 / お腹(なか)がいっぱいだ = 배가 부르다

응용 문장 모범 답안

① 北京(ぺきん)から引(ひ)っ越(こ)して来(き)たばかりだ。

② 夕食(ゆうしょく)を食(た)べたばかりで、今(いま)はお腹(なか)がいっぱいです。

DAY 034

MP3_034

____월____일

ここで写真(しゃしん)を撮(と)ってもいいですか。

여기서 사진을
찍어도 됩니까?

문장 파헤치기

동사의 て형+もいいですか = ~해도 됩니까[될까요]?

명사/な형용사의 어간+でもいいですか = ~여도 됩니까[될까요]?

い형용사의 어간+くてもいいですか = ~여도 됩니까[될까요]?

위 표현은 상대방에게 허락을 구할 때 쓰는 긍정형 표현.
반말체는 **ですか**를 생략하고 '~**てもいい**(**の**)? = ~해도 돼?'
좀 더 정중하게 말할 땐 '~**てもよろしいでしょうか** = ~해도 되겠습니까?'
撮(と)る = 찍다, 촬영하다
→ **撮(と)っ**てもいいですか = 찍어도 됩니까?
ここ = 여기 / ~**で** = ~에서 / **写真(しゃしん)** = 사진

ここで	写真(しゃしん)を	撮(と)ってもいいですか。
여기서	사진을	찍어도 됩니까?

문장 3번 따라 쓰기

응용 문장 2번씩 쓰기

① 이거(이것) 입어 봐도 될까요?

힌트 これ = 이것 / 試着(しちゃく)する = 입어 보다

② 먼저 실례해도 되겠습니까? (= 먼저 일어나도 되겠습니까?)

힌트 お先(さき)に = 먼저 / 失礼(しつれい)する = 실례하다, 결례를 범하다

응용 문장 모범 답안

① これ、試着(しちゃく)してもいいですか。

② お先(さき)に失礼(しつれい)してもよろしいでしょうか。

MP3_035

DAY 035

____월____일

友達(ともだち)を 連(つ)れて来(き)てもいいです。

친구를

데리고 와도 됩니다.

문장 파헤치기

동사의 て형+もいいです = ~해도 됩니다[돼요]

명사/な형용사의 어간+でもいいです = ~여도 됩니다[돼요]

い형용사의 어간+くてもいいです = ~여도 됩니다[돼요]

위 표현은 허락을 할 때 사용.

반말체는 **です**를 생략하고 '~**てもいい**(**よ**) = ~해도 돼'

連(つ)れて来(く)る = 데리고 오다

→ **連(つ)れて来(き)**てもいいです = 데리고 와도 됩니다

友達(ともだち) = 친구

友達(ともだち)を | **連(つ)れて来(き)**てもいいです。

친구를 | 데리고 와도 됩니다.

문장 3번 따라 쓰기

응용 문장 2번씩 쓰기

① 답장은 내일이어도 돼. (= 답장은 내일 보내도 돼.)

힌트 返信(へんしん) = 답장,회신 / 明日(あした) = 내일

② 봉지째 데워도 됩니다. (= 봉지에 넣은 채 데워도 됩니다.)

힌트 袋(ふくろ)のまま = 봉지째 / 温(あたた)める = 데우다

응용 문장 모범 답안

① 返信(へんしん)は明日(あした)でもいいよ。

② 袋(ふくろ)のまま温(あたた)めてもいいです。

DAY 036

____월 ____일

MP3_036

もう薬(くすり)を飲(の)まなくてもいいですか。

이제 약을
먹지 않아도 되나요?

문장 파헤치기

동사의 ない형의 어간+くてもいいですか = ~하지 않아도 됩니까[되나요]?

명사/な형용사의 어간+じゃなくてもいいですか = ~이지 않아도 됩니까[되나요]?

い형용사의 어간+くなくてもいいですか = ~이지 않아도 됩니까[되나요]?

위 표현은 상대방에게 허락을 구할 때 쓰는 부정형 표현.

반말체는 **ですか**를 생략하고 '~**なくてもいい(の)**? = ~하지 않아도 돼?'

飲(の)む = 먹다, 복용하다

→ **飲(の)まな**くてもいいですか = 먹지[복용하지] 않아도 되나요?

もう = 이제, 더이상 / **薬(くすり)** = 약

もう	薬(くすり)を	飲(の)まなくてもいいですか。
이제	약을	먹지 않아도 되나요?

문장 3번 따라 쓰기

○

○

○

응용 문장 2번씩 쓰기

① 아무것도 가지고 가지 않아도 되나요?

힌트 何(なに)も = 아무것도 / 持(も)って行(い)く = 가지고 가다

○

○

② 노래를 잘하지 않아도 돼?

힌트 歌(うた) = 노래 / 上手(じょうず)だ = 잘하다

○

○

응용 문장 모범 답안

① 何(なに)も持(も)って行(い)かなくてもいいですか。

② 歌(うた)が上手(じょうず)じゃなくてもいいの？

DAY 037

MP3_037

____월____일

飛行機(ひこうき)の中(なか)で たばこを吸(す)ってはいけません。

비행기 안에서
담배를 피워서는 안 됩니다.

문장 파헤치기

동사의 て형+はいけません = ~해서는 안 됩니다, ~하면 안 돼요

위 표현은 어떠한 행위를 금지하는 표현.

반말체는 '~**てはいけない(よ)** = ~해서는 안 된다[안 돼]'

또한 캐주얼한 대화를 나눌 때엔 **ては**대신 **ちゃ**를 써서

'~**ちゃいけません** = ~해선 안 됩니다 / ~**ちゃいけない** = ~해선 안 돼'

たばこを吸(す)う = 담배를 피우다

→ **たばこを吸(す)っ**てはいけません = 담배를 피워서는 안 됩니다

飛行機(ひこうき) = 비행기

~の中(なか)で = ~안에서, ~속에서

飛行機(ひこうき)の中(なか)で | たばこを吸(す)ってはいけません。
비행기 안에서 | 담배를 피워서는 안 됩니다.

문장 3번 따라 쓰기

○

○

○

응용 문장 2번씩 쓰기

① 남의 물건을 마음대로 만지면 안 됩니다.

힌트 人(ひと)のもの = 남의 물건 / 勝手(かって)に = 마음대로 / 触(さわ)る = 만지다

○

○

② 그 녀석한테만큼은 져서는 안 된다.

힌트 あいつ = 그 녀석, 저놈 / ~にだけは = ~한테만큼은 / 負(ま)ける = 지다

○

○

응용 문장 모범 답안

① 人(ひと)のものを勝手(かって)に触(さわ)ってはいけません。

② あいつにだけは負(ま)けてはいけない (= 負(ま)けちゃいけない)。

DAY 038

____월 ____일

MP3_038

6時発(じはつ)の新幹線(しんかんせん)に乗(の)らなくてはいけません。

6시에 출발하는 신칸센을
타지 않으면 안 됩니다.

문장 파헤치기

동사의 **ない**형의 어간+くてはいけません

= ~하지 않으면 안 됩니다[안 돼요], ~해야 됩니다[돼요]

위 표현은 어떠한 행위를 해야 한다는 의무[필요성]를 나타내는 표현.

반말체는 '~ **なくてはいけない(よ)** = ~하지 않으면 안 된다[안 돼]'

또한 캐주얼한 대화를 나눌 때엔 **ては**대신 **ちゃ**를 써서

'~**なくちゃいけません** = ~해선 안 됩니다 / ~**なくちゃいけない** = ~해선 안 돼'

乗(の)る = 타다

→ **乗(の)ら**なくてはいけません = 타지 않으면 안 됩니다

6時発(じはつ) = 6시 출발 / **新幹線(しんかんせん)** = 신칸센

6時発(じはつ)の新幹線(しんかんせん)に	乗(の)らなくてはいけません。
6시에 출발하는 신칸센을	타지 않으면 안 됩니다.

문장 3번 따라 쓰기

응용 문장 2번씩 쓰기

① 자신과의 약속을 지키지 않으면 안 됩니다.

힌트 自分(じぶん)との = 자신과의 / 約束(やくそく) = 약속 / 守(まも)る = 지키다

② 마츠다 씨에게 빌린 우산을 돌려주지 않으면 안 된다.

힌트 松田(まつだ)さん = 마츠다 씨 / 借(か)りる = 빌리다 / 傘(かさ) = 우산 / 返(かえ)す = 돌려주다

응용 문장 모범 답안

① 自分(じぶん)との約束(やくそく)を守(まも)らなくてはいけません。

② 松田(まつだ)さんに借(か)りた傘(かさ)を返(かえ)さなくてはいけない(= 返(かえ)さなくちゃいけない)。

DAY 039

MP3_039

____월 ____일

私(わたし)にも奇跡(きせき)が 起(お)きてほしいです。

내게도 기적이
일어났으면 좋겠어요.

문장 파헤치기

동사의 て형+ほしい = ~해 줬으면 좋겠다[좋겠어], ~해 주길 바란다[바라]

위 표현은 본인의 희망사항을 나타내거나 상대방에게 어떠한 행위를 요청할 때 사용.

높임체는 '**~てほしいです** = ~해 줬으면 좋겠어요'

('**~てください**(~해 주세요)'와 같은 의미로 쓰는 경우도 있으나 그보다 좀 더 완곡한 어투이고, 직접 부탁하지 않고 마음 속에서만 바랄 때에도 사용.)

起(お)きる = 일어나다, 발생하다

→ **起(お)き**てほしいです = 일어났으면 좋겠어요

私(わたし)にも = 나에게도 / **奇跡(きせき)** = 기적

私(わたし)にも	奇跡(きせき)が	起(お)きてほしいです。
내게도	기적이	일어났으면 좋겠어요.

문장 3번 따라 쓰기

○

○

○

응용 문장 2번씩 쓰기

① 방 정리를 도와줬으면 좋겠어.

힌트 部屋(へや)の片付(かたづ)け = 방 정리 / 手伝(てつだ)う = 돕다, 거들다

○

○

② 가끔은 밥을 사 줬으면 좋겠어요. (= 가끔은 얻어먹고 싶어요.)

힌트 たまには = 가끔은 / おごる = (남에게) 밥을 사다, 한턱내다

○

○

응용 문장 모범 답안

① 部屋(へや)の片付(かたづ)けを手伝(てつだ)ってほしい。

② たまにはおごってほしいです。

DAY 040

____월____일

MP3_040

海(うみ)の近(ちか)くに 家(いえ)を建(た)てたいです。

바다 근처에

집을 짓고 싶어요.

문장 파헤치기

동사의 ます형+たい = ~하고 싶다[싶어]

위 표현은 화자의 욕구나 희망을 나타낼 때 쓰는 표현.

높임체는 '~**たいです** = ~하고 싶어요'

建(た)てる = 세우다, 짓다

→ **建(た)て**たいです = 세우고 싶어요, 짓고 싶어요

海(うみ) = 바다 / **近(ちか)く** = 근처 / **家(いえ)** = 집

海(うみ)の近(ちか)くに	家(いえ)を	建(た)てたいです。
바다 근처에	집을	짓고 싶어요.

문장 3번 따라 쓰기

응용 문장 2번씩 쓰기

① 본가를 나와서 혼자 살고 싶다.

힌트 実家(じっか) = 본가, 친정 / 出(で)る = 나가다 / 一人暮(ひとりぐ)らしをする = 혼자 살다

② 언젠가 우주에 가 보고 싶어요.

힌트 いつか = 언젠가 / 宇宙(うちゅう) = 우주 / 行(い)ってみる = 가 보다

응용 문장 모범 답안

① 実家(じっか)を出(で)て、一人暮(ひとりぐ)らしがしたい。

② いつか宇宙(うちゅう)に行(い)ってみたいです。

매일 1장
일본어 쓰기 습관
100일의 기적

私は日本語の勉強をする

CHAPTER 05

수수동사로 말하기

041 子供にお小遣いをいくらあげますか。

042 君は、見た目に自信がない僕に勇気をくれた。

043 知らない人からお金をもらう夢を見た。

044 父にチャット GPT の使い方を教えてあげました。

045 職場の先輩がご飯に誘ってくれた。

046 誰にこの似顔絵を描いてもらいましたか。

047 感謝の気持ちを込めて、
先生にプレゼントをさしあげました。

048 もう少し考える時間をくださいませんか。

049 取引先の方に有名なお寿司屋さんに
連れて行っていただきました。

050 たくさんの人に外国語を学ぶ楽しさを
知ってもらいたいです。

準備ができました

MP3_041

DAY 041

____월____일

子供(こども)にお小遣(こづか)いをいくらあげますか。

자식에게 용돈을
얼마 주나요?

문장 파헤치기

수수동사 : '주다, 받다'라는 의미를 내포한 동사

~に~をあげる = ~에게 ~을[를] 주다

위 표현은 내가 남에게(나→남) 물건이나 마음 등을 줄 때,
또는 남이 남에게(남→남) 물건이나 마음을 줄 때 쓸 수 있는 표현.

높임체 현재형 : **あげます**(줍니다) / 반말체 과거형 : **あげた**(줬다)

높임체 현재 의문형 : **あげますか**(줍니까?, 줘요?, 주나요?)

높임체 과거 부정 의문형 : **あげませんでしたか**(주지 않았어요?)

子供(こども) = 자식, 어린이

お小遣(こづか)い = 용돈 / **いくら** = 얼마

子供(こども)に	お小遣(こづか)いを	いくら	あげますか。
자식에게	용돈을	얼마	주나요?

문장 3번 따라 쓰기

응용 문장 2번씩 쓰기

① 선배 졸업식에 꽃다발을 줬다.

힌트 先輩(せんぱい) = 선배(님) / 卒業式(そつぎょうしき) = 졸업식 / 花束(はなたば) = 꽃다발

② 최 군은 같은 반 친구들에게 선물을 줬습니다.

힌트 チェ君(くん) = 최 군 / クラスのみんな = 같은 반 친구들 / お土産(みやげ) = 선물, 기념품

응용 문장 모범 답안

① 先輩(せんぱい)の卒業式(そつぎょうしき)に花束(はなたば)をあげた。

② チェ君(くん)はクラスのみんなにお土産(みやげ)をあげました。

MP3_042

DAY 042

____월 ____일

君(きみ)は、見(み)た目(め)に自信(じしん)がない僕(ぼく)に勇気(ゆうき)をくれた。

너는 외모에 자신이 없는 내게
용기를 줬다.

문장 파헤치기

~は/が(私(わたし)に)~をくれる = ~은[는]/이[가] (내게) ~을[를] 주다

위 표현은 남이 나에게(남→나) 물건이나 마음 등을 줄 때 쓸 수 있는 표현.
(받는 사람이 항상 '나'이기 때문에 '나'는 생략하는 경우가 많음.)

높임체 현재형 : **くれます**(줍니다) / 반말체 과거형 : **くれた**(줬다)

높임체 과거 부정 의문형 : **くれませんでしたか**(주지 않았어요?)

君(きみ) = 너 / **勇気(ゆうき)** = 용기

見(み)た目(め) = 외모, 겉모습

自信(じしん)がない = 자신(감)이 없다

君(きみ)は	見(み)た目(め)に自信(じしん)がない僕(ぼく)に	勇気(ゆうき)を	くれた。
너는	외모에 자신이 없는 내게	용기를	줬다.

문장 3번 따라 쓰기

응용 문장 2번씩 쓰기

① 가게에 있는 사람은 한국어 메뉴(판)을 줬습니다.

힌트 お店(みせ)の人(ひと) = 가게에 있는 사람 / 韓国語(かんこくご)のメニュー = 한국어 메뉴(판)

② 해외에 살고 있는 아들이 매일 연락을 준다.

힌트 海外(かいがい) = 해외 / 住(す)む = 살다 / 息子(むすこ) = 아들 / 毎日(まいにち) = 매일 / 連絡(れんらく) = 연락

응용 문장 모범 답안

① お店(みせ)の人(ひと)は韓国語(かんこくご)のメニューをくれました。

② 海外(かいがい)に住(す)んでいる息子(むすこ)が毎日連絡(まいにちれんらく)をくれる。

MP3_043

DAY 043

____월 ____일

知(し)らない人(ひと)から お金(かね)をもらう夢(ゆめ)を見(み)た。

모르는 사람에게
돈을 받는 꿈을 꿨다.

문장 파헤치기

~に/から~をもらう = ~에게/로부터 ~을[를] 받다

남에게 물건이나 마음 등을 받을 때 쓸 수 있는 표현.

높임체 현재형 : **もらいます**(받습니다)

반말체 과거형 : **もらった**(받았다)

연결형 : **もらって**(받아서, 받고)

知(し)らない人(ひと) = 모르는 사람

(**お金(かね)をもらう**)**夢(ゆめ)を見(み)る** = (돈을 받는) 꿈을 꾸다

知(し)らない人(ひと)から | お金(かね)をもらう夢(ゆめ)を見(み)た。

모르는 사람에게 | 돈을 받는 꿈을 꿨다.

문장 3번 따라 쓰기

응용 문장 2번씩 쓰기

① 설날에 친척에게 세뱃돈을 받았어요.

힌트 お正月(しょうがつ) = 설날 / 親戚(しんせき) = 친척 / お年玉(としだま) = 세뱃돈, 새해 용돈

② 아이들에게 직접 만든 크리스마스 카드를 받아서 기뻤다.

힌트 子供達(こどもたち) = 아이들 / (手作り(てづく)の)クリスマスカード = (직접 만든) 크리스마스 카드

응용 문장 모범 답안

① お正月(しょうがつ)に親戚(しんせき)からお年玉(としだま)をもらいました。

② 子供達(こどもたち)から手作り(てづく)のクリスマスカードをもらって嬉(うれ)しかった。

MP3_044

DAY 044

____월 ____일

父(ちち)にチャット GPT(ジーピーティー)の使(つか)い方(かた)を教(おし)えてあげました。

아버지에게 챗GPT의 사용법을
가르쳐 줬습니다.

문장 파헤치기

~に~を+동사의 て형+あげる = ~에게 ~을[를] ~해 주다

위 표현은 내가 남에게(나→남) 어떠한 동작[행위]을 해 줄 때,
또는 남이 남에게(남→남) 어떠한 동작[행위]을 해 줄 때 쓸 수 있는 표현.

높임체 현재형 : ~**てあげます**(~해 줍니다)

반말체 과거형 : ~**てあげた**(~해 줬다) / 연결형 : ~**てあげて**(~해 줘서, ~해 주고)

教(おし)える = 가르치다, 알리다

→ **教(おし)えてあげる** = 가르쳐 주다, 알려 주다

父(ちち) = 아버지 (본인의 아버지를 남에게 소개할 때 씀.)

チャットGPT(ジーピーティー) = 챗GPT / **使(つか)い方(かた)** = 사용법

父(ちち)に	チャット GPT(ジーピーティー)の使(つか)い方(かた)を	教(おし)えてあげました。
아버지에게	챗GPT의 사용법을	가르쳐 줬습니다.

문장 3번 따라 쓰기

응용 문장 2번씩 쓰기

① 상담을 해 줄 때는 끝까지 이야기를 들어 주세요.

힌트 相談(そうだん)に乗(の)る = 상담에 응하다 / 最後(さいご)まで = 끝까지 / 話(はなし)を聞(き)く = 이야기를 듣다

② 그 만화책 전권 가지고 있으니까 다음번에 빌려줄게.

힌트 漫画(まんが) = 만화책 / 全巻(ぜんかん) = 전권 / 持(も)つ = 가지다 / 今度(こんど) = 다음번 / 貸(か)す = 빌려주다

응용 문장 모범 답안

① 相談(そうだん)に乗(の)る時(とき)は、最後(さいご)まで話(はなし)を聞(き)いてあげてください。

② その漫画(まんが)、全巻(ぜんかん)持(も)っているから今度(こんど)貸(か)してあげる(よ)。

DAY 045

MP3_045

____월 ____일

職場(しょくば)の先輩(せんぱい)が ご飯(はん)に誘(さそ)ってくれた。

직장 선배가

밥을 같이 먹으러 가자고 (제안)해 줬다.

문장 파헤치기

~は/が(私(わたし)に)~を+동사의 て형+くれる = ~은[는]/이[가] (내게) ~을[를] ~해 주다

위 표현은 남이 나에게(남→나) 어떠한 동작[행위]을 해 줄 때 쓸 수 있는 표현.

(받는 사람은 항상 '나'이기 때문에 '나'는 생략하는 경우가 많음.)

높임체 과거형 : ~**てくれました**(~해 줬습니다)

반말체 부정형 : ~**てくれなかった**(~해 주지 않았다)

높임체 부정 의문/제안형 : ~**てくれませんか**(~해 주지 않아요?/~해 주시겠어요?)

誘(さそ)う = 권하다, 부르다 → **ご飯(はん)に誘(さそ)う** = 밥을 같이 먹자고 권하다[제안하다]

→ **ご飯(はん)に誘(さそ)っ**てくれる = 밥을 같이 먹자고 제안해 주다

先輩(せんぱい) = 선배

職場(しょくば)の先輩(せんぱい)が	ご飯(はん)に誘(さそ)ってくれた。
직장 선배가	밥을 같이 먹으러 가자고 (제안)해 줬다.

문장 3번 따라 쓰기

응용 문장 2번씩 쓰기

① 멋진 식사 모임에 초대해 줘서 고마워.

힌트 食事会(しょくじかい) = 식사 모임 / 招待(しょうたい)する = 초대하다 / ありがとう = 고마워

② 한국어로 통역해 주시겠어요?

힌트 韓国語(かんこくご) = 한국어 / 通訳(つうやく)する = 통역하다

응용 문장 모범 답안

① 素敵(すてき)な食事会(しょくじかい)に招待(しょうたい)してくれてありがとう。

② 韓国語(かんこくご)に通訳(つうやく)してくれませんか。

MP3_046

DAY 046

____월____일

誰(だれ)にこの似顔絵(にがおえ)を描(か)いてもらいましたか。

누가 이 캐리커처를 그려 줬어요?

문장 파헤치기

~に/から~を+동사의 て형+もらう

= ~에게/로부터 ~을[를] ~해 받다 (= ~이[가] ~을[를] ~해 주다)

남에게 어떠한 동작[행위]을 받을 때 쓰는 표현. ('~**てくれる**'와 같은 의미를 가짐.)

높임체 현재형 : ~**てもらいます**(~해 받습니다)

반말체 과거형 : ~**てもらった**(~해 받았다) / 연결형 : ~**てもらって**(~해 받고)

描(か)く = 그리다

→ **描(か)いてもらいましたか** = 그린다는 행위를 받았어요? (= 그려 줬어요?)

誰(だれ)に = 누구에게

似顔絵(にがおえ) = 캐리커처, 초상화

誰(だれ)に	この似顔絵(にがおえ)を	描(か)いてもらいましたか。
누가	이 캐리커처를	그려 줬어요?

문장 3번 따라 쓰기

응용 문장 2번씩 쓰기

① 해외여행에서 현지인에게 도움을 받은 적이 있어요.

힌트 海外旅行(かいがいりょこう) = 해외여행 / 現地(げんち)の 人(ひと) = 현지인 / 助(たす)ける = 돕다

② 딱히 알아 주지 않으셔도 돼요. (= 딱히 이해받지 않아도 괜찮아요.)

힌트 別(べつ)に = 딱히, 특별히 / わかる = 알다, 이해하다

응용 문장 모범 답안

① 海外旅行(かいがいりょこう)で現地(げんち)の人(ひと)に助(たす)けてもらったことがあります。

② 別(べつ)にわかってもらわなくてもいいです。

MP3_047

DAY 047

____월 ____일

感謝(かんしゃ)の気持(きも)ちを込(こ)めて、先生(せんせい)にプレゼントをさしあげました。

감사한 마음을 담아

선생님께 선물을 드렸습니다.

문장 파헤치기

겸양 표현 : 내가 하는 행위를 낮춤으로서 상대적으로 남을 높이는 표현 방법.
(*윗사람에겐 직접 사용하면 생색내는 느낌이 들 수 있으니 다른 표현으로 대체.)

~に~をさしあげる = ~에게 ~을[를] 드리다

→ 내가 남에게(나→남) 물건이나 마음 등을 줄 때 쓸 수 있는 겸양 표현.

~に~を+동사의 て형+さしあげる = ~에게 ~을[를] ~해 드리다

→ 내가 남에게(나→남) 어떠한 동작[행위]을 해 줄 때 쓸 수 있는 겸양 표현.

感謝(かんしゃ)の気持(きも)ち = 감사한 마음 / **込(こ)める** = 담다

プレゼント = 선물

感謝(かんしゃ)の気持(きも)ちを	込(こ)めて、	
감사한 마음을	담아	
先生(せんせい)に	**プレゼントを**	さしあげました。
선생님께	선물을	드렸습니다.

문장 3번 따라 쓰기

응용 문장 2번씩 쓰기

① 차로 사장님을 역까지 바래다 드렸다.

힌트 車(くるま)で = 차로 / 社長(しゃちょう) = 사장님 / 駅(えき)まで = 역까지 / 送(おく)る = 바래다주다

② 오픈 기념으로 손님들께 드리고 있습니다.

힌트 オープン記念(きねん)で = 오픈 기념으로 / お客様(きゃくさま)に = 손님(들)께

응용 문장 모범 답안

① 車(くるま)で社長(しゃちょう)を駅(えき)まで送(おく)ってさしあげた。

② オープン記念(きねん)でお客様(きゃくさま)にさしあげています。

DAY 048

____월____일

MP3_048

もう少(すこ)し考(かんが)える時間(じかん)をくださいませんか。

조금 더 생각할 시간을
주시지 않겠습니까?

문장 파헤치기

존경 표현 : 남의 행위를 높여 줘서 그 상대를 높이는 표현 방법.

~は/が(私(わたし)に)~をくださる = ~은[는]/이[가] (내게) ~을[를] 주시다

→ 남이 나에게(남→나) 물건이나 마음 등을 줄 때 쓸 수 있는 존경 표현.

~は/が(私(わたし)に)~を+동사의 て형+くださる

= ~은[는]/이[가] (내게) ~을[를] ~해 주시다

→ 남이 나에게(남 → 나) 어떠한 동작[행위]을 해 줄 때 쓸 수 있는 존경 표현.

(*くださる의 ます형은 편하게 발음하고자 보통 くださいます라고 함.)

もう少(すこ)し = 조금 더 / **考(かんが)える** = 생각하다 / **時間(じかん)** = 시간

もう少(すこ)し	考(かんが)える時間(じかん)を	くださいませんか。
조금 더	생각할 시간을	주시지 않겠습니까?

문장 3번 따라 쓰기

○

○

○

응용 문장 2번씩 쓰기

① 스즈키 씨가 제 생일을 축하해 주셨어요.

힌트 鈴木(すずき)さん = 스즈키 씨 / 誕生日(たんじょうび) = 생일 / 祝(いわ)う = 축하하다

○

○

② 이런 기회를 주셔서 감사하고 있습니다.

힌트 このような機会(きかい) = 이런 기회 / 感謝(かんしゃ)する = 감사하다

○

○

응용 문장 모범 답안

① 鈴木(すずき)さんが私(わたし)の誕生日(たんじょうび)を祝(いわ)ってくださいました。

② このような機会(きかい)をくださって、感謝(かんしゃ)しています。

MP3_049

DAY 049

____월 ____일

取引先(とりひきさき)の方(かた)に有名(ゆうめい)なお寿司屋(すしや)さんに連(つ)れて行(い)っていただきました。

거래처 분이 유명한 초밥집을 데려가 주셨어요.

문장 파헤치기

~に/から~をいただく = ~에게/로부터 ~을[를] 받다

→ 남에게 물건이나 마음 등을 받을 때 쓸 수 있는 겸양 표현.

~に/から~を+동사의 て형+いただく

= ~에게/로부터 ~을[를] ~해 받다 (= ~이[가] ~을[를] ~해 주시다)

→ 남에게 어떠한 동작[행위]을 받을 때 쓸 수 있는 겸양 표현.

連(つ)れて行(い)く = 데려가다 → **連(つ)れて行(い)っていただく** = 데려가 주시다

取引先(とりひきさき)の方(かた) = 거래처 분 / **有名(ゆうめい)だ** = 유명하다 / **お寿司屋(すしや)さん** = 초밥집

取引先(とりひきさき)の方(かた)に | 有名(ゆうめい)なお寿司屋(すしや)さんに |

거래처 분이 유명한 초밥집을

連(つ)れて行(い)っていただきました。

데려가 주셨어요.

문장 3번 따라 쓰기

○

○

○

응용 문장 2번씩 쓰기

① 설명회에서 많은 분들에게 명함을 받았다.

힌트 説明会(せつめいかい) = 설명회 / たくさんの方(かた) = 많은 분들 / 名刺(めいし) = 명함

○

○

② 자리를 바꿔 주셔서 감사합니다.

힌트 席(せき)を替(か)わる = 자리를 바꾸다 / ありがとうございます = 감사합니다

○

○

응용 문장 모범 답안

① 説明会(せつめいかい)でたくさんの方(かた)に名刺(めいし)をいただいた。

② 席(せき)を替(か)わっていただいてありがとうございます。

MP3_050

DAY 050

____월 ____일

たくさんの人(ひと)に外国語(がいこくご)を学(まな)ぶ楽(たの)しさを知(し)ってもらいたいです。

많은 사람들이 외국어를 배우는
즐거움을 알아 줬으면 해요.

문장 파헤치기

동사의 て형+もらいたい = ~해 받고 싶다 (= ~해 줬으면 한다)

위 표현은 상대방에게 어떠한 행위를 바랄 때 쓸 수 있는 표현.

'~**てほしい** = ~해 줬으면 좋겠다'와 같은 의미를 가짐.

겸양 표현은 '~**ていただきたい** = ~해 주셨으면 한다'

知(し)る = 알다 → **知(し)っ**てもらいたい = 알아 줬으면 한다

たくさんの人(ひと) = 많은 사람들

外国語(がいこくご) = 외국어 / **学(まな)ぶ** = 배우다 / **楽(たの)しさ** = 즐거움

たくさんの人(ひと)に | **外国語(がいこくご)を学(まな)ぶ楽(たの)しさを** |

많은 사람들이 외국어를 배우는 즐거움을

知(し)ってもらいたいです。

알아 줬으면 해요.

문장 3번 따라 쓰기

응용 문장 2번씩 쓰기

① 소중한 사람이 들어 줬으면 해서 이 곡을 만들었다.

힌트 大切(たいせつ)な人(ひと) = 소중한 사람 / 聴(き)く = 듣다 / 曲(きょく) = 곡 / 作(つく)る = 만들다

② 정기적으로 건강 진단을 받아 보셨으면 합니다.

힌트 定期的(ていきてき)に = 정기적으로 / 健康診断(けんこうしんだん)を受(う)ける = 건강 진단을 받다

응용 문장 모범 답안

① 大切(たいせつ)な人(ひと)に聴(き)いてもらいたくてこの曲(きょく)を作(つく)った。

② 定期的(ていきてき)に健康診断(けんこうしんだん)を受(う)けていただきたいです。

매일 1장

일본어 쓰기 습관

100일의 기적

私は日本語の勉強をする

CHAPTER 06

청유/의지/계획에 대해 말하기

051 暑い夏は熱中症に気をつけましょう。

052 その件は男同士で話し合おう。

053 嫌なことは笑って忘れよう。

054 ワールドカップをみんなで応援しよう。

055 人気があるのですぐに売り切れると思います。

056 どんな資格を取ろうと思っているの?

057 難しいかもしれませんが、頑張ってみるつもりです。

058 午後８時の飛行機に乗る予定ですが、
空港まで間に合いますか。

059 じっくり見学するつもりだったので、
早めに行きました。

060 少しはわかったつもりだったけど、
実際は全くわかっていなかった。

準備ができました

MP3_051

DAY 051

____월____일

暑(あつ)い夏(なつ)は熱中症(ねっちゅうしょう)に気(き)をつけましょう。

더운 여름은 열사병을
조심합시다.

문장 파헤치기

청유형 : '~합시다, ~하시죠'와 같이 어떤 행동을 하자고 권유하는 말투.

1/2/3그룹 동사의 '높임체 현재 긍정형'에서 **ます** 자리에 **ましょう**를 넣어 말하면 '~합시다, ~하시죠'라는 뜻의 '높임체 현재 청유형'이 됨.

~ます → ~ましょう = ~합시다, ~하시죠

気(き)をつける = 조심하다 (2그룹 동사)
→ **気(き)をつける** → **気(き)をつけ**ましょう = 조심합시다
暑(あつ)い夏(なつ) = 더운 여름
熱中症(ねっちゅうしょう) = 열사병

暑(あつ)い夏(なつ)は	熱中症(ねっちゅうしょう)に	気(き)をつけましょう。
더운 여름은	열사병을	조심합시다.

문장 3번 따라 쓰기

○

○

○

응용 문장 2번씩 쓰기

① 맑은 날은 밖에서 빨래를 넙시다.

힌트 晴(は)れた 日(ひ) = 맑은 날 / 外(そと)で = 밖에서 / 洗濯物(せんたくもの)を干(ほ)す = 빨래를 널다

○

○

② 기침이 날 때는 마스크를 합시다.

힌트 咳(せき)が出(で)る = 기침이 나다 / マスクをする = 마스크를 하다

○

○

응용 문장 모범 답안

① 晴(は)れた日(ひ)は外(そと)で洗濯物(せんたくもの)を干(ほ)しましょう。

② 咳(せき)が出(で)る時(とき)はマスクをしましょう。

MP3_052

DAY 052

____월____일

その件(けん)は男同士(おとこどうし)で話(はな)し合(あ)おう。

그 건은 남자끼리
이야기 나누자.

문장 파헤치기

의지형 : '~하자, ~해야지'와 같이 어떤 행동을 하자는 의지를 드러내는 말투.

1그룹 동사의 '반말체 현재 의지형'은 어미를 お단으로 바꾸고 う를 붙임.

1그룹 동사(어미를 お단으로 변경)+う = ~하자, ~해야지

話(はな)し合(あ)う = 이야기를 나누다

→ 話(はな)し合(あ)おう = 이야기 나누자, 이야기 나눠야지

その件(けん) = 그 건

男(おとこ) = 남자 / ~同士(どうし) = ~끼리

その件(けん)は	男同士(おとこどうし)で	話(はな)し合(あ)おう。
그 건은	남자끼리	이야기 나누자.

문장 3번 따라 쓰기

◦

◦

◦

응용 문장 2번씩 쓰기

① 차라도 마시면서 기다리자.

힌트 お茶(ちゃ)でも = 차라도 / 飲(の)みながら = 마시면서 / 待(ま)つ = 기다리다

◦

◦

② 앱으로 택시를 부르자.

힌트 アプリ(アプリケーション) = 앱 / タクシー = 택시 / 呼(よ)ぶ = 부르다

◦

◦

응용 문장 모범 답안

① お茶(ちゃ)でも飲(の)みながら待(ま)とう。

② アプリでタクシーを呼(よ)ぼう。

DAY 053

MP3_053

_____월 _____일

嫌(いや)なことは 笑(わら)って忘(わす)れよう。

안 좋은 일은
웃고 잊어버리자.

문장 파헤치기

2그룹 동사의 '반말체 현재 의지형'은 어미(る)를 탈락시킨 후 **よう**를 붙임.

2그룹 동사(어미(る) 탈락)+よう = ~하자, ~해야지

忘(わす)れる = 잊어버리다
→ **忘(わす)れ~~る~~** → **忘(わす)れ**よう = 잊어버리자, 잊어버려야지
嫌(いや)なこと = 안 좋은 일, 불쾌한 일
笑(わら)う = 웃다 → **笑(わら)っ**て = 웃고

嫌(いや)なことは	笑(わら)って	忘(わす)れよう。
안 좋은 일은	웃고	잊어버리자.

문장 3번 따라 쓰기

응용 문장 2번씩 쓰기

① 나머지는 운에 맡기자.

힌트 あとは = 나머지는, 다음은 / 運(うん) = 운 / 任(まか)せる = 맡기다

② 본인의 강점을 찾자.

힌트 自分(じぶん) = 본인, 자신 / 強(つよ)み = 강점 / 見(み)つける = 찾아내다, 발견하다

응용 문장 모범 답안

① あとは運(うん)に任(まか)せよう。

② 自分(じぶん)の強(つよ)みを見(み)つけよう。

MP3_054

DAY 054

____월 ____일

ワールドカップを みんなで応援(おうえん)しよう。

월드컵을
다 같이 응원하자.

문장 파헤치기

3그룹 동사의 '반말체 현재 의지형'은 불규칙 변화 형태이므로 그냥 암기.

3그룹 동사(불규칙 변화)+よう = ~하자, ~해야지

する = 하다 → **しよう** = 하자, 해야지

来(く)る = 오다 → **来(こ)よう** = 오자, 와야지

応援(おうえん)する = 응원하다

→ **応援(おうえん)しよう** = 응원하자, 응원해야지

ワールドカップ = 월드컵

みんなで = 다 같이

ワールドカップを	みんなで	応援(おうえん)しよう。
월드컵을	다 같이	응원하자.

문장 3번 따라 쓰기

응용 문장 2번씩 쓰기

① 내년에도 같이 불꽃놀이 보러 오자.

힌트 来年(らいねん)も = 내년에도 / 一緒(いっしょ)に = 같이 / 花火(はなび) = 불꽃놀이 / 見(み)に来(く)る = 보러 오다

② 캠핑장에서 자연을 만끽하자.

힌트 キャンプ場(じょう) = 캠핑장 / 自然(しぜん) = 자연 / 満喫(まんきつ)する = 만끽하다

응용 문장 모범 답안

① 来年(らいねん)も一緒(いっしょ)に花火(はなび)を見(み)に来(こ)よう。

② キャンプ場(じょう)で自然(しぜん)を満喫(まんきつ)しよう。

DAY 055

MP3_055

____월 ____일

人気(にんき)があるので
すぐに売(う)り切(き)れると思(おも)います。

인기가 있어서

바로 품절될 것 같아요.

문장 파헤치기

형용사/동사의 보통형+と思(おも)う = ~일/할 거라고 생각하다, ~일/할 것 같다

위 표현은 '화자의 생각'을 나타낼 때 쓸 수 있는 표현.

높임체 현재형 : ~**と思(おも)います**(~라고 생각합니다)

반말체 현재 진행형 : ~**と思(おも)っている**(~라고 생각해)

売(う)り切(き)れる = 품절되다

→ **売(う)り切(き)れると**思(おも)います = 품절될 거라고 생각합니다, 품절될 것 같아요

人気(にんき)がある = 인기가 있다 / **~ので** = ~이기 때문에

すぐに = 바로, 곧

人気(にんき)があるので	すぐに	売(う)り切(き)れると思(おも)います。
인기가 있어서	바로	품절될 것 같아요.

문장 3번 따라 쓰기

○

○

○

응용 문장 2번씩 쓰기

① 앞으로 점점 기온이 오를 거라고 생각해요.

힌트 これから = 앞으로 / どんどん = 점점 / 気温(きおん)が上(あ)がる = 기온이 오르다

○

○

② 양도 푸짐하고 꽤 맛있었던 것 같다.

힌트 ボリュームがある = 양이 푸짐하다 / なかなか = 꽤 / おいしい = 맛있다

○

○

응용 문장 모범 답안

① これからどんどん気温(きおん)が上(あ)がると思(おも)います。

② ボリュームもあって、なかなかおいしかったと思(おも)う。

MP3_056

DAY 056

____월____일

どんな資格(しかく)を取(と)ろうと思(おも)っているの?

어떤 자격증을
따려고 하는 거야?

문장 파헤치기

동사의 의지형+と思(おも)う = ~하려고 생각하다, ~하고자[하려고] 한다

위 표현은 '화자의 의지나 계획'을 나타낼 때 쓸 수 있는 표현.

높임체 현재형 : ~**と思(おも)います**(~하려고 생각합니다, ~하고자[하려고] 합니다)

반말체 현재 진행형 : ~**と思(おも)っている**(~하려고 생각해, ~하고자[하려고] 해)

取(と)る = 취득하다, 따다

→ **取(と)ろうと思(おも)っているの?** = 따려고 하는 거야?

(*の는 의문형에서 궁금함을 더하는 종조사 역할을 함.)

どんな = 어떤 / **資格(しかく)** = 자격(증)

どんな資格(しかく)を	取(と)ろうと思(おも)っているの?
어떤 자격증을	따려고 하는 거야?

문장 3번 따라 쓰기

응용 문장 2번씩 쓰기

① 쇼핑하러 외출할 생각이에요(외출하려고 생각 중이에요).

힌트 買(か)い物(もの)に出(で)かける = 쇼핑하러 외출하다

② 이번에는 해외여행에서의 추억에 대해 얘기해 보려고 합니다.

힌트 今回(こんかい)は = 이번에는 / 海外旅行(かいがいりょこう) = 해외여행 / 思(おも)い出(で) = 추억 / 話(はな)す = 이야기하다

응용 문장 모범 답안

① 買(か)い物(もの)に出(で)かけようと思(おも)っています。

② 今回(こんかい)は海外旅行(かいがいりょこう)での思(おも)い出(で)について話(はな)そうと思(おも)います。

DAY 057

MP3_057

_____월_____일

難(むずか)しいかもしれませんが、頑張(がんば)ってみるつもりです。

어려울지도 모르지만

열심히 해 볼 생각이에요.

문장 파헤치기

명사+の/동사의 기본형 +つもりだ = ~할 생각이다[작정이다]

위 표현은 '앞으로의 계획'을 나타낼 때 쓸 수 있는 표현.

비교적 사적이고 변경 가능하며 본인의 의지가 담긴 일정에 대해 말할 때 자주 씀.

頑張(がんば)る = 열심히 하다, 분발하다, 최선을 다하다 / **~てみる** = ~해 보다

頑張(がんば)ってみる = 열심히 해 보다

→ **頑張(がんば)ってみるつもりです** = 열심히 해 볼 생각이에요

難(むずか)しい = 어렵다

~かもしれない = ~일지도 모르다

難(むずか)しいかもしれませんが、	頑張(がんば)ってみるつもりです。
어려울지도 모르지만	열심히 해 볼 생각이에요.

문장 3번 따라 쓰기

응용 문장 2번씩 쓰기

① 올해는 자원 봉사 활동에 참가할 생각이다.

힌트 今年(ことし) = 올해 / ボランティア活動(かつどう) = 자원 봉사 활동 / 参加(さんか)する = 참가하다

② 이렇게 많이 사 와서 어떻게 할 작정이야?

힌트 こんなにたくさん = 이렇게 많이 / 買(か)って来(く)る = 사 오다 / どうする = 어떻게 하다

응용 문장 모범 답안

① 今年(ことし)はボランティア活動(かつどう)に参加(さんか)するつもりだ。

② こんなにたくさん買(か)って来(き)て、どうするつもりなの？

MP3_058

DAY 058

_____월_____일

午後8時(ごごはちじ)の飛行機(ひこうき)に乗(の)る予定(よてい)ですが、空港(くうこう)まで間(ま)に合(あ)いますか。

오후 8시 비행기에 탈 예정인데
공항까지 제시간에 갈 수 있나요?

문장 파헤치기

명사+の/동사의 기본형 +予定(よてい)だ = ~할 예정이다

위 표현 역시 '앞으로의 계획'을 나타낼 때 쓸 수 있는 표현.

비교적 공적이고 마음대로 변경이 어려우며 사전에 결정된 일정을 말할 때 자주 씀.

乗(の)る = 타다 → **乗(の)る予定(よてい)です** = 탈 예정이에요

午後(ごご) = 오후 / **8時(はちじ)** = 8시

飛行機(ひこうき) = 비행기 / **~が** = ~이지만

空港(くうこう) = 공항 / **間(ま)に合(あ)う** = 제시간에 맞추다[가다], 늦지 않다

午後(ごご)8時(はちじ)の | 飛行機(ひこうき)に | 乗(の)る予定(よてい)ですが、 |
오후 8시에 / 비행기에 / 탈 예정인데

空港(くうこう)まで | 間(ま)に合(あ)いますか。
공항까지 / 제시간에 갈 수 있나요?

문장 3번 따라 쓰기

ⓞ

ⓞ

ⓞ

응용 문장 2번씩 쓰기

① 내년에는 여기에 신축 빌딩이 세워질 예정이에요.

힌트 来年(らいねん) = 내년 / ここ = 여기 / 新築(しんちく)のビル = 신축 빌딩 / 建(た)つ = 세워지다

ⓞ

ⓞ

② 자사 앱 개발에 착수할 예정이다.

힌트 自社(じしゃ) = 자사 / アプリ = 앱 / 開発(かいはつ) = 개발 / 取(と)り組(く)む = 착수하다, 힘쓰다

ⓞ

ⓞ

응용 문장 모범 답안

① 来年(らいねん)にはここに新築(しんちく)のビルが建(た)つ予定(よてい)です。

② 自社(じしゃ)アプリの開発(かいはつ)に取(と)り組(く)む予定(よてい)だ。

MP3_059

DAY 059

____월 ____일

じっくり見学(けんがく)するつもりだったので、早(はや)めに行(い)きました。

차분히 구경할 생각이었기 때문에
일찌감치 갔습니다.

문장 파헤치기

명사+の/동사의 기본형 +つもりだった = ~할 생각이었다[작정이었다]

명사+の/동사의 기본형 +予定(よてい)だった = ~할 예정이었다

위 표현들은 계획했던 일을 '과거형'으로 말할 때 쓸 수 있는 표현들.

見学(けんがく)する = 구경하다 → **見学(けんがく)するつもりだった** = 구경할 생각이었다

じっくり = 차분히, 찬찬히, 곰곰이

~ので = ~하기 때문에 (**から**와 같이 이유를 나타내는 조사로, 좀 더 딱딱한 표현)

早(はや)めに = 일찌감치, 빨리 / **行(い)く** = 가다

じっくり | 見学(けんがく)するつもりだったので、 |
차분히 | 구경할 생각이었기 때문에

早(はや)めに | 行(い)きました。
일찌감치 | 갔습니다.

문장 3번 따라 쓰기

○

○

○

응용 문장 2번씩 쓰기

① 오늘은 당일치기로 출장을 갈 예정이었어요.

힌트 今日(きょう) = 오늘 / 日帰(ひがえ)り出張(しゅっちょう) = 당일치기로 출장을 가는 것

○

○

② 3시부터의 영화를 볼 예정이었기 때문에 근처에서 점심을 했습니다.

힌트 映画(えいが) = 영화 / 見(み)る = 보다 / 近(ちか)くで = 근처에서 / ランチをする = 점심을 하다

○

○

응용 문장 모범 답안

① 今日(きょう)は日帰(ひがえ)り出張(しゅっちょう)の予定(よてい)でした。

② 3時(さんじ)からの映画(えいが)を見(み)る予定(よてい)だったので、近(ちか)くでランチをしました。

MP3_060

DAY 060

____월 ____일

少(すこ)しはわかったつもりだったけど、実際(じっさい)は全(まった)くわかっていなかった。

조금은 안 것 같았는데
실제로는 전혀 알지 못했다.

문장 파헤치기

동사의 과거형 +つもりだった = ~했다고 생각했다, ~한 것 같았다

위 표현은 본인의 생각이나 의도를 나타낼 때 쓸 수 있는 표현.
(생각지[예상치] 못한 결과가 이어졌을 경우에 사용.)

わかる = 알다, 이해하다
→ **わかったつもりだった** = 알았다고 생각했다, 안 것 같았다
~けど = ~이지만 (~**が**와 같이 역접을 나타내는 조사로, 구어체에서 자주 쓰임.)
少(すこ)しは = 조금은 / **実際(じっさい)は** = 실제는, 실제로는 / **全(まった)く** = 전혀

少(すこ)しは	わかったつもりだったけど、	
조금은	안 것 같았는데	
実際(じっさい)は	全(まった)く	わかっていなかった。
실제로는	전혀	알지 못했다.

문장 3번 따라 쓰기

응용 문장 2번씩 쓰기

① 메시지를 보냈다고 생각했는데 보내지 않았었다.

힌트 メッセージ = 메시지 / 送(おく)る = 보내다

② 2장 산 줄 알았는데 1장밖에 사지 않았었습니다.

힌트 1枚(いちまい)·2枚(にまい) = 1장·2장 / 買(か)う = 사다 / ~しか = ~밖에

응용 문장 모범 답안

① メッセージを送(おく)ったつもりだったけど、送(おく)っていなかった。

② 2枚(にまい)買(か)ったつもりでしたが、1枚(いちまい)しか買(か)っていませんでした。

매일 1장

일본어 쓰기 습관

100일의 기적

私は日本語の勉強をする

CHAPTER 07

가능형으로 말하기

準備ができました

MP3_061

DAY 061

____월____일

平日(へいじつ)は午後(ごご)7時(しちじ)まで利用(りよう)することができます。

평일은 오후 7시까지
이용할 수 있습니다.

문장 파헤치기

동사의 기본형+ことができる = ~하는 것이 가능하다, ~할 수 있다

능력, 가능성, 허가에 대해 말할 수 있는 표현.

利用(りよう)する = 이용하다
→ **利用(りよう)する**ことができる = 이용할 수 있다
利用(りよう)することができます = 이용할 수 있습니다
平日(へいじつ) = 평일 / **午後(ごご)** = 오후
7時(しちじ) = 7시 / **~まで** = ~까지

平日(へいじつ)は	午後(ごご) 7 時(しちじ)まで	利用(りよう)することができます。
평일은	오후 7시까지	이용할 수 있습니다.

문장 3번 따라 쓰기

응용 문장 2번씩 쓰기

① 포인트는 어디서 확인할 수 있어요?

힌트 ポイント = 포인트 / どこで = 어디서 / 確認(かくにん)する = 확인하다

② 이제는 누구나 간단하게 정보를 얻을 수 있다.

힌트 誰(だれ)でも = 누구나 / 簡単(かんたん)に = 간단하게 / 情報(じょうほう)を得(え)る = 정보를 얻다

응용 문장 모범 답안

① ポイントはどこで確認(かくにん)することができますか。

② 今(いま)では誰(だれ)でも簡単(かんたん)に情報(じょうほう)を得(え)ることができる。

DAY 062

MP3_062

____월____일

緊張(きんちょう)して、どうしても 話(はな)しかけることができなかった。

긴장해서 절대

말을 걸 수 없었다.

문장 파헤치기

동사의 기본형+ことができない = ~하는 것이 가능하지 않다, ~할 수 없다

무능력, 불가능성, 불허에 대해 말할 수 있는 표현.

話(はな)しかける = 말을 걸다

→ **話(はな)しかける**ことができない = 말을 걸 수 없다

話(はな)しかけることができなかった = 말을 걸 수 없었다

緊張(きんちょう)する = 긴장하다 → **緊張(きんちょう)して** = 긴장해서

どうしても = 절대, 어찌해도

緊張(きんちょう)して、 | どうしても |

긴장해서 | 절대

話(はな)しかけることができなかった。

말을 걸 수 없었다.

문장 3번 따라 쓰기

응용 문장 2번씩 쓰기

① 회의가 끝날 때까지는 전화를 받을 수 없습니다.

힌트 会議(かいぎ) = 회의 / 終(お)わる = 끝나다 / 電話(でんわ)に出(で)る = 전화를 받다

② 혼자 있는 시간을 즐길 수 없어요.

힌트 一人(ひとり)の時間(じかん) = 혼자 있는 시간 / 楽(たの)しむ = 즐기다

응용 문장 모범 답안

① 会議(かいぎ)が終(お)わるまでは電話(でんわ)に出(で)ることができません。

② 一人(ひとり)の時間(じかん)を楽(たの)しむことができないです(= できません)。

MP3_063

DAY 063

____월____일

次(つぎ)はいつ会(あ)えるの?

다음번은 언제 만날 수 있어?

문장 파헤치기

가능형 : 동사를 활용해 어떠한 행위[행동]의 능력/가능성에 대해 말하는 것.

1그룹 동사의 '반말체 현재 가능형'은 어미를 **え**단으로 바꾸고 **る**를 붙임.

1그룹 동사(어미를 **え**단으로 변경)+る = ~할 수 있다

(*가능형 동사 앞에는 조사 **が**와 **を**를 쓸 수 있음.)

会(あ)う(만나다) → **会(あ)え**る(만날 수 있다) → **会(あ)え**るの?(만날 수 있어?)

(*종조사 **の**를 동사 뒤에 붙여 올려 읽으면 궁금한 느낌을 더하는 의문형이 됨.)

次(つぎ) = 다음(번) / **いつ** = 언제

次(つぎ)は	いつ	会(あ)えるの?
다음번은	언제	만날 수 있어?

문장 3번 따라 쓰기

○

○

○

응용 문장 2번씩 쓰기

① 이 곡은 목소리가 낮아도 부를 수 있다.

힌트 この曲(きょく) = 이 곡 / 声(こえ) = 목소리 / 低(ひく)くても = 낮아도 / 歌(うた)う = 노래하다

○

○

② 어떻게 그렇게 빨리 달릴 수 있어?

힌트 どうして = 왜, 어째서 / そんなに = 그렇게 / 速(はや)く = 빨리 / 走(はし)る = 달리다

○

○

응용 문장 모범 답안

① この曲(きょく)は声(こえ)が低(ひく)くても歌(うた)える。

② どうしてそんなに速(はや)く走(はし)れるの？

MP3_064

DAY 064

____월 ____일

お腹(なか)の調子(ちょうし)が悪(わる)いけど、少(すこ)しは食(た)べられるよ。

속이 불편하지만
조금은 먹을 수 있어.

문장 파헤치기

2그룹 동사의 '반말체 현재 가능형'은 어미(る)를 탈락시킨 후 **られる**를 붙임.

2그룹 동사(어미(る) 탈락)+られる = ~할 수 있다

(*2그룹 가능형 동사는 구어체에서 **られる**의 **ら**가 생략되는 경우가 있음.)

食(た)べる = 먹다 → **食(た)べ~~る~~** → **食(た)べ(ら)れる** = 먹을 수 있다

お腹(なか)の調子(ちょうし) = 위장 상태 / **悪(わる)い** = 안 좋다, 나쁘다

お腹(なか)の調子(ちょうし)が悪(わる)い = 위장 상태가 안 좋다 (= 속이 불편하다)

~けど = ~이지만 / **少(すこ)しは** = 조금은

~よ = 정보를 전달하는 종조사

お腹(なか)の調子(ちょうし)が	悪(わる)いけど、	少(すこ)しは	食(た)べられるよ。
속이	불편하지만	조금은	먹을 수 있어.

문장 3번 따라 쓰기

응용 문장 2번씩 쓰기

① 한자는 얼마든지 외울 수 있어.

힌트 漢字(かんじ) = 한자 / いくらでも = 얼마든지 / 覚(おぼ)える = 외우다, 기억하다

② 하와이섬에서는 별을 많이 볼 수 있을 거예요.

힌트 ハワイ島(とう) = 하와이섬 / 星(ほし) = 별 / たくさん = 많이 / 見(み)る = 보다

응용 문장 모범 답안

① 漢字(かんじ)はいくらでも覚(おぼ)えられるよ。

② ハワイ島(とう)では星(ほし)がたくさん見(み)られると思(おも)います。

DAY 065

____월 ____일

MP3_065

じゅうよんさい
14 歳から
うんてん　　　くに
運転できる国もあります。

14살부터

운전할 수 있는 나라도 있어요.

문장 파헤치기

3그룹 동사의 '반말체 현재 가능형'은 불규칙 변화 형태이므로 그냥 암기.

3그룹 동사(불규칙 변화) = ~할 수 있다

する = 하다 → **できる** = 할 수 있다

来(く)る = 오다 → **来(こ)られる** = 올 수 있다

運転(うんてん)する = 운전하다

→ **運転(うんてん)できる** = 운전할 수 있다

14歳(じゅうよんさい) = 14살 / ~**から** = ~부터

国(くに) = 나라 / **ある** = 있다, 존재하다

---

14 歳(じゅうよんさい)から	運転(うんてん)できる国(くに)も	あります。
14살부터	운전할 수 있는 나라도	있어요.

문장 3번 따라 쓰기

응용 문장 2번씩 쓰기

① 아침 9시까지 올 수 있는 사람은 손을 들어 주세요.

힌트 朝9時(あさくじ) = 아침 9시 / 人(ひと) = 사람 / 手(て)を挙(あ)げる = 손을 들다

② 레시피 보지 않고 요리할 수 있어?

힌트 レシピ = 레시피 / 見(み)ないで = 보지 않고 / 料理(りょうり)する = 요리하다

응용 문장 모범 답안

① 朝9時(あさくじ)まで来(こ)られる人(ひと)は手(て)を挙(あ)げてください。

② レシピ見(み)ないで料理(りょうり)できる？

MP3_066

DAY 066

____월____일

最寄(もよ)り駅(えき)まで 歩(ある)いて行(い)けますか。

가장 가까운 역까지
걸어서 갈 수 있어요?

문장 파헤치기

1/2/3그룹 동사의 '반말체 현재 가능형'은 형태가 모두 2그룹 동사처럼 되기 때문에 활용 방식도 아래와 같이 2그룹 동사처럼 활용.

買(か)う(사다) → **買(か)える**(살 수 있다) → **買(か)え**ます(살 수 있어요)
見(み)る(보다) → **見(み)られる**(볼 수 있다) → **見(み)られ**ない(볼 수 없다)
来(く)る(오다) → **来(こ)られる**(올 수 있다) → **来(こ)られ**た(올 수 있었다)
行(い)く(가다) → **行(い)ける**(갈 수 있다) → **行(い)け**ますか(갈 수 있어요?)
最寄(もよ)り駅(えき) = 가장 가까운 역 / ~**まで** = ~까지 / **歩(ある)く** = 걷다

最寄(もよ)り駅(えき)まで	歩(ある)いて	行(い)けますか。
가장 가까운 역까지	걸어서	갈 수 있어요?

문장 3번 따라 쓰기

응용 문장 2번씩 쓰기

① 초등학생 이상은 들어갈 수 없습니다.

힌트 小学生(しょうがくせい) = 초등학생 / 以上(いじょう) = 이상 / 入る(はいる) = 들어가다

② 아슬아슬하게 막차를 탈 수 있었다.

힌트 ギリギリ = 아슬아슬하게, 빠듯하게 / 終電(しゅうでん) = 막차 / ~に乗る(のる) = ~을[를] 타다

응용 문장 모범 답안

① 小学生以上(しょうがくせいいじょう)は入(はい)れません。

② ギリギリ終電(しゅうでん)に乗(の)れた。

DAY 067

MP3_067

____월 ____일

太(ふと)ってから

いびきをかくようになった。

살이 찌고 나서

코를 골게 되었다.

문장 파헤치기

동사의 기본형+ようになる = ~하게 되다, ~하도록 되다

위 표현은 어떠한 습관이나 상황으로 상태가 변화되었다고 말할 때 쓰는 표현.

いびきをかく = 코를 골다

→ **いびきをかくようになる** = 코를 골게 되다

いびきをかくようになった = 코를 골게 되었다

太(ふと)る = 살이 찌다

~てから = ~하고부터, ~하고 나서

太(ふと)ってから | いびきをかくようになった。

살이 찌고 나서 | 코를 골게 되었다.

문장 3번 따라 쓰기

○

○

○

응용 문장 2번씩 쓰기

① 여기서의 생활에 익숙해지게 되었습니다.

힌트 ここでの生活(せいかつ) = 여기서의 생활 / 慣(な)れる = 익숙해지다, 적응하다

○

○

② 올해부터 하루 2리터의 물을 마시게 되었습니다.

힌트 今年(ことし)から = 올해부터 / 一日(いちにち)= 하루 / リットル = 리터 / 水(みず)を飲(の)む = 물을 마시다

○

○

응용 문장 모범 답안

① ここでの生活(せいかつ)に慣(な)れるようになりました。

② 今年(ことし)から一日(いちにち)２リットルの水(みず)を飲(の)むようになりました。

DAY 068

MP3_068

____월____일

日本語(にほんご)がだんだん聞(き)き取(と)れるようになりました。

일본어를 점점
알아들을 수 있게 되었습니다.

문장 파헤치기

동사의 가능형+ようになる = ~할 수 있게 되다

위 표현은 전에는 할 수 없던 걸 이젠 할 수 있게 되었다고 말할 때 쓰는 표현.

聞(き)き取(と)る = 알아듣다, 듣고 이해하다

→ **聞(き)き取(と)れる** = 알아들을 수 있다

聞(き)き取(と)れるようになる = 알아들을 수 있게 되다

聞(き)き取(と)れるようになりました = 알아들을 수 있게 되었습니다

日本語(にほんご) = 일본어

だんだん = 점점, 차차

日本語(にほんご)が	だんだん	聞(き)き取(と)れるようになりました。
일본어를	점점	알아들을 수 있게 되었습니다.

문장 3번 따라 쓰기

응용 문장 2번씩 쓰기

① 매일 연습해서 기타를 칠 수 있게 되었다.

힌트 毎日(まいにち) = 매일 / 練習(れんしゅう)する = 연습하다 / ギターを弾(ひ)く = 기타를 치다

② 할아버지는 컴퓨터로 그림을 그릴 수 있게 되었습니다.

힌트 祖父(そふ) = 할아버지 / パソコン = 컴퓨터 / 絵(え)を描(か)く = 그림을 그리다

응용 문장 모범 답안

① 毎日練習(まいにちれんしゅう)して、ギターが弾(ひ)けるようになった。

② 祖父(そふ)はパソコンで絵(え)が描(か)けるようになりました。

DAY 069

MP3_069

____월____일

ストレスと過労(かろう)で今(いま)にも倒(たお)れそうです。

스트레스와 과로로

당장이라도 쓰러질 것 같아요.

문장 파헤치기

추량 표현 : 주관적 혹은 객관적 근거로 판단[추측]해서 말할 때 쓰는 표현.

い·な 형용사의 어간+そうだ = ~인 것 같다, ~해 보인다

* **いい**(좋다) → **よさそうだ**(좋아 보인다)
  ない(없다) → **なさそうだ**(없어 보인다)

동사의 ます형+そうだ = ~할 것 같다

동사의 가능형+そうだ = ~할 수 있을 것 같다

倒(たお)れる = 쓰러지다, 몸져눕다 → **倒(たお)れそうだ** = 쓰러질 것 같다

ストレス = 스트레스 / **過労(かろう)** = 과로

今(いま)にも = 당장[지금]이라도

ストレスと過労(かろう)で	今(いま)にも	倒(たお)れそうです。
스트레스와 과로로	당장이라도	쓰러질 것 같아요.

문장 3번 따라 쓰기

응용 문장 2번씩 쓰기

① 둘 다 맛있어 보이네요.

힌트 どちらも = 둘 다, 어느 쪽도 / 美味(おい)しい = 맛있다

② 그녀는 머리가 좋아서 뭐든 할 수 있을 것 같다.

힌트 彼女(かのじょ) = 그녀 / 頭(あたま)がいい = 머리가 좋다 / 何(なん)でもする = 뭐든 하다

응용 문장 모범 답안

① どちらも美味(おい)しそうですね。

② 彼女(かのじょ)は頭(あたま)がよくて何(なん)でもできそうだ。

MP3_070

DAY 070

____월 ____일

修学旅行(しゅうがくりょこう)が楽(たの)しみで、今日(きょう)は寝(ね)られそうにない。

수학여행이 기대돼서
오늘은 잘 수 있을 것 같지 않다.

문장 파헤치기

동사의 ます형+そうにない/そうもない = ~할 것 같지 않다

동사의 가능형+そうにない/そうもない = ~할 수 있을 것 같지 않다

위 표현은 상황상 실현 가능성이 낮은 것을 판단할 때 쓰는 추량 표현.

寝(ね)る = 자다

→ **寝(ね)られそうにない**(= **寝(ね)られそうもない**) = 잘 수 있을 것 같지 않다

修学旅行(しゅうがくりょこう) = 수학여행 / **楽(たの)しみ** = 기대

~で = ~라서 (이유를 나타냄.) / **今日(きょう)** = 오늘

修学旅行(しゅうがくりょこう)が | 楽(たの)しみで、 |
수학여행이 기대돼서

今日(きょう)は | 寝(ね)られそうにない。
오늘은 잘 수 있을 것 같지 않다.

문장 3번 따라 쓰기

○

○

○

응용 문장 2번씩 쓰기

① 오전 중에는 날이 갤 것 같지 않아요.

힌트 午前中(ごぜんちゅう) = 오전 중 / 晴(は)れる = 날이 개다, 맑아지다

○

○

② 학점이 모자라서 졸업할 수 있을 것 같지 않다.

힌트 単位(たんい)が足(た)りない = 학점이 모자라다 / 卒業(そつぎょう)する = 졸업하다

○

○

응용 문장 모범 답안

① 午前中(ごぜんちゅう)には晴(は)れそうにないです (= 晴(は)れそうもないです)。

② 単位(たんい)が足(た)りなくて、卒業(そつぎょう)できそうもない (= 卒業(そつぎょう)できそうにない)。

매일 1장
일본어 쓰기 습관
100일의 기적

私は日本語の勉強をする

CHAPTER 08

명사/형용사/동사를 다양하게 말하기

準備ができました

MP3_071

DAY 071

____월 ____일

今年(ことし)で
二十歳(はたち)になりました。

올해로

스무 살이 되었어요.

문장 파헤치기

명사+になる = ~이[가] 되다

위 표현은 사물이나 사람이 어떠한 상태로 변화하는 걸 나타내는 표현.

二十歳(はたち) = 스무 살

→ 二十歳(はたち)になる = 스무 살이 되다

二十歳(はたち)になりました = 스무 살이 되었어요

今年(ことし)で = 올해로

今年(ことし)で | 二十歳(はたち)になりました。

올해로 스무 살이 되었어요.

문장 3번 따라 쓰기

응용 문장 2번씩 쓰기

① 누군가의 영웅이 되고 싶었다.

힌트 誰(だれ)か = 누군가 / ヒーロー = 영웅, 히어로

② 사람은 왜 병에 걸린다고 생각해?

힌트 人(ひと) = 사람 / どうして = 왜, 어째서 / 病気(びょうき) = 병 / ~と思(おも)う = ~라고 생각하다

응용 문장 모범 답안

① 誰(だれ)かのヒーローになりたかった。

② 人(ひと)はどうして病気(びょうき)になると思(おも)う？

MP3_072

DAY 072

____월 ____일

子供(こども)の笑顔(えがお)に
心(こころ)が暖(あたた)かくなります。

아이의 미소에

마음이 따뜻해집니다.

문장 파헤치기

い형용사의 어간+くなる = ~하게 되다, ~해지다

사람이나 사물의 상태, 성질이 자연스럽게 변화하는 것을 나타내는 표현.

* 'いい(좋다)'는 'よくなる(좋아지다)'와 같은 형태가 됨.

暖(あたた)かい = 따뜻하다

→ **暖(あたた)かくなる** = 따뜻해지다

暖(あたた)かくなります = 따뜻해집니다

子供(こども) = 아이, 어린이 / **笑顔(えがお)** = 미소, 웃는 얼굴 / **心(こころ)** = 마음

子供(こども)の笑顔(えがお)に	心(こころ)が	暖(あたた)かくなります。
아이의 미소에	마음이	따뜻해집니다.

문장 3번 따라 쓰기

응용 문장 2번씩 쓰기

① 친구와 여행을 가서 사이가 좋아졌습니다.

힌트 友達(ともだち) = 친구 / 旅行(りょこう)に行(い)く = 여행을 가다 / 仲(なか)がいい = 사이가 좋다

② 갑자기 할머니가 보고 싶어졌다.

힌트 急(きゅう)に = 갑자기 / おばあちゃん = 할머니 / 会(あ)いたい = 보고 싶다

응용 문장 모범 답안

① 友達(ともだち)と旅行(りょこう)に行(い)って、仲(なか)がよくなりました。

② 急(きゅう)におばあちゃんに会(あ)いたくなった。

DAY 073

____월____일

MP3_073

私(わたし)のことを もっと好(す)きになってほしい。

나를
더 좋아해 줬으면 좋겠어.

문장 파헤치기

な형용사의 어간+になる = ~하게 되다, ~해지다

사람이나 사물의 상태, 성질이 자연스럽게 변화하는 것을 나타내는 표현.

好(す)きだ = 좋아하다

→ **好(す)きになる** = 좋아하게 되다

好(す)きになってほしい = 좋아하게 됐으면(좋아해 줬으면) 좋겠어

私(わたし)のこと = 나, 나에 대한 것, 나라는 사람

(*ことは 형식명사로 '나'를 구체화 시키는 역할을 함. 따로 해석할 필요는 없음.)

もっと = 더, 좀 더

私(わたし)のことを	もっと	好(す)きになってほしい。
나를	더	좋아해 줬으면 좋겠어.

문장 3번 따라 쓰기

응용 문장 2번씩 쓰기

① 여드름투성이였던 피부가 깨끗해졌다.

힌트 ニキビだらけ = 여드름투성이 / 肌(はだ) = 피부 / きれいだ = 깨끗하다

② 프레젠테이션을 잘하고 싶어요.

힌트 プレゼン (= プレゼンテーション) = 프레젠테이션 / 上手(じょうず)だ = 잘하다

응용 문장 모범 답안

① ニキビだらけだった肌(はだ)がきれいになった。

② プレゼンが上手(じょうず)になりたいです。

DAY 074

____월____일

MP3_074

それなら、朝食付きにします。

(ちょうしょく つ)

그러면
조식 포함으로 할게요.

문장 파헤치기

명사+にする = ~(으)로 하다

위 표현은 선택하거나 결정할 때 쓰는 표현.

い형용사의 어간+くする = ~하게 하다

な형용사의 어간+にする = ~하게 하다

위 표현들은 어떠한 것을 원하는 상태나 성질로 변화시킨다는 뜻의 표현.

朝食付き(ちょうしょくつ) = 조식 포함

→ **朝食付き**にする(ちょうしょくつ) = 조식 포함으로 하다

朝食付きにします(ちょうしょくつ) = 조식 포함으로 할게요

それなら、	朝食付き(ちょうしょくつ)にします。
그러면	조식 포함으로 할게요.

문장 3번 따라 쓰기

○

○

○

응용 문장 2번씩 쓰기

① 좀 더 짧게 해 주세요.

힌트 もう少し(すこ) = 좀 더 / 短い(みじか) = 짧다

○

○

② 내가 평생 행복하게 해 줄게(행복하게 할게).

힌트 一生(いっしょう) = 평생 / 幸せだ(しあわ) = 행복하다

○

○

응용 문장 모범 답안

① もう少し(すこ)短(みじか)くしてください。

② 私(わたし)(僕(ぼく))が一生幸(いっしょうしあわ)せにするよ。

MP3_075

DAY 075

____월 ____일

4月(しがつ)から近所(きんじょ)のダンス教室(きょうしつ)に通(かよ)うことにしました。

4월부터 근처 댄스 교실에
다니기로 했습니다.

문장 파헤치기

동사의 기본형+ことにする = ~하기로 하다

동사의 ない형+ことにする = ~하지 않기로 하다

본인의 의지로 어떠한 행동을 하거나 안 한다고 결정할 때 쓰는 표현.

(~**に**) **通(かよ)う** = (~에) 다니다

→ (~**に**) **通(かよ)うことにしました** = (~에) 다니기로 했습니다

4月(しがつ) = 4월 / **~から** = ~부터

近所(きんじょ) = 근처, (살고 있는) 집 주변 / **ダンス教室(きょうしつ)** = 댄스 교실

4月(しがつ)から	近所(きんじょ)のダンス教室(きょうしつ)に
4월부터	근처 댄스 교실에

通(かよ)うことにしました。

다니기로 했습니다.

문장 3번 따라 쓰기

○

○

○

응용 문장 2번씩 쓰기

① 당분간 발리에서 살기로 했다.

힌트 しばらく = 당분간, 얼마 동안 / バリ島(とう) = 발리 / 暮(く)らす = 살다, 생활하다

○

○

② 남의 험담을 하지 않기로 했어요.

힌트 人(ひと) = 사람, 남 / 悪口(わるぐち)を言(い)う = 험담을 하다, 뒷담화를 하다

○

○

응용 문장 모범 답안

① しばらくバリ島(とう)で暮(く)らすことにした。

② 人(ひと)の悪口(わるぐち)を言(い)わないことにしました。

MP3_076

DAY 076

____월____일

今年(ことし)初(はじ)めて人間(にんげん)ドックを受(う)けることになった。

올해 처음으로 종합 건강 검진을 받게 되었다.

문장 파헤치기

동사의 기본형+ことになる = ~하게 되다

동사의 ない형+ことになる = ~하지 않게 되다

본인의 의지와 상관없이 일정이나 계획이 결정될 때 쓰는 표현.
(경우에 따라서는 본인의 의지로 결정한 일을 완곡하게 말할 때도 씀.)

受(う)ける = 받다 → **受(う)ける**ことになった = 받게 되었다
今年(ことし) = 올해 / **初(はじ)めて** = 처음으로, 최초로
人間(にんげん)ドック = 종합 건강 검진

今年(ことし) | 初(はじ)めて | 人間(にんげん)ドックを |
올해 처음으로 종합 건강 검진을

受(う)けることになった。
받게 되었다.

문장 3번 따라 쓰기

응용 문장 2번씩 쓰기

① 해외 영업을 담당하게 되었어요.

힌트 海外営業(かいがいえいぎょう) = 해외 영업 / 担当(たんとう)する = 담당하다

② 결국 이사하지 않게 되었습니다.

힌트 結局(けっきょく) = 결국 / 引(ひ)っ越(こ)す = 이사하다

응용 문장 모범 답안

① 海外営業(かいがいえいぎょう)を担当(たんとう)することになりました。

② 結局(けっきょく)、引(ひ)っ越(こ)さないことになりました。

MP3_077

DAY 077

____월____일

だんだん気持(きも)ちが冷(さ)めて別(わか)れたそうです。

점점 마음이 식어서

헤어졌대요.

문장 파헤치기

명사/い형용사/な형용사/동사의 보통형+そうだ = ~라고 한다

(*'현재형'으로 쓰는 경우 '명사+だ+そうだ')

사람이나 책, 인터넷 등을 통해 알게 된 정보를 그대로 전하는 전문 표현.

別(わか)れる = 헤어지다

→ **別(わか)れたそうだ** = 헤어졌다고 한다

別(わか)れたそうです = 헤어졌다고 합니다 (= 헤어졌대요)

だんだん = 점점 / **気持(きも)ち** = 마음, 감정

冷(さ)める = 식다

だんだん	気持(きも)ちが	冷(さ)めて	別(わか)れたそうです。
점점	마음이	식어서	헤어졌대요.

문장 3번 따라 쓰기

◦

◦

◦

응용 문장 2번씩 쓰기

① 간식 먹는 시간을 좋아한대요.

힌트 おやつの時間(じかん) = 간식 먹는 시간 / 好(す)きだ = 좋아하다

◦

◦

② 바빠서 언제 올 수 있을지 모른다고 한다.

힌트 忙(いそが)しい = 바쁘다 / いつ = 언제 / ~か = ~인지 / わからない = 모른다

◦

◦

응용 문장 모범 답안

① おやつの時間(じかん)が好(す)きだそうです。

② 忙(いそが)しくていつ来(こ)られるかわからないそうだ。

MP3_078

DAY 078

____월____일

どうやら今夜(こんや)のメニューはカレーのようですね。

아무래도 오늘 저녁 메뉴는
카레인 것 같네요.

문장 파헤치기

명사/い형용사/な형용사/동사의 보통형+ようだ = ~인/한 것 같다, ~인/한 가보다

(*'현재형'으로 쓰는 경우 '명사+の+ようだ, な형용사의 어간+な+ようだ')

화자가 오감을 사용하여 느끼거나 추측한 것을 나타내는 추량 표현.

カレー = 카레

→ **カレーのようだ** = 카레인 것 같다

カレーのようですね = 카레인 것 같네요

どうやら = 아무래도, 어쩐지

今夜(こんや) = 오늘 저녁, 오늘 밤

メニュー = 메뉴

どうやら	今夜(こんや)のメニューは	カレーのようですね。
아무래도	오늘 저녁 메뉴는	카레인 것 같네요.

문장 3번 따라 쓰기

응용 문장 2번씩 쓰기

① 남동생이 학교에서 친구와 싸운 것 같다.

힌트 弟(おとうと) = 남동생 / 学校(がっこう) = 학교 / 友達(ともだち) = 친구 / 喧嘩(けんか)をする = 싸움을 하다, 싸우다

② 누군가가 제 계정을 사용하고 있는 것 같아요.

힌트 誰(だれ)かが = 누군가가 / アカウント = 계정 / 使(つか)う = 사용하다

응용 문장 모범 답안

① 弟(おとうと)が学校(がっこう)で友達(ともだち)と喧嘩(けんか)をしたようだ。

② 誰(だれ)かが私(わたし)のアカウントを使(つか)っているようです。

DAY 079

MP3_079

____월____일

髪型(かみがた)変(か)えただけで別人(べつじん)みたいです。

헤어스타일 바꾸기만 했는데
딴 사람 같아요.

문장 파헤치기

명사/い형용사/な형용사/동사의 보통형+みたいだ = ~인/한 것 같다, ~인/한 가보다

(*'현재형'으로 쓰는 경우 '명사+**みたいだ**, **な**형용사의 어간+**みたいだ**')
화자가 오감을 사용하여 느끼거나 추측한 것을 나타내는 추량 표현.
('~**ようだ**'보다 좀 더 캐주얼한 뉘앙스의 표현이며, 회화체에서 자주 쓰임.)

別人(べつじん) = 딴 사람
→ **別人(べつじん)**みたいだ = 딴 사람인 것 같다
別人(べつじん)みたいです = 딴 사람인 것 같아요 (= 딴 사람 같아요)

髪型(かみがた) = 머리 모양, 헤어스타일

変(か)える = 바꾸다 / ~**だけで** = ~하기만 해도

髪型(かみがた)	変(か)えただけで	別人(べつじん)みたいです。
헤어스타일	바꾸기만 했는데	딴 사람 같아요.

문장 3번 따라 쓰기

○

○

○

응용 문장 2번씩 쓰기

① 근처에 타워 맨션이 들어서나 봐.

힌트 タワーマンション(タワマン) = 타워 맨션 / 建(た)つ = 지어지다, 들어서다

○

○

② 그 시절로 돌아간 것 같았어요.

힌트 あの頃(ころ) = 그 시절 / 戻(もど)る = 돌아가다

○

○

응용 문장 모범 답안

① 近(ちか)くにタワーマンションが建(た)つみたい(だよ)。

② あの頃(ころ)に戻(もど)ったみたいでした。

MP3_080

DAY 080

____월____일

おおもののげいのうじん
大物芸能人が
す
住んでいたらしい。

거물급 연예인이

살았던 모양이다.

문장 파헤치기

명사/い형용사/な형용사/동사의 보통형+らしい

= ~인/한 것 같다, ~인/한 모양이다

(*'현재형'으로 쓰는 경우 '명사+らしい, な형용사의 어간+らしい')

화자가 보거나 들은 정보를 토대로 추측한 것을 나타내는 추량 표현.

す
住む = 살다

す
→ **住んでいたらしい** = 살고 있던 모양이다, 살았던 모양이다

おおもの
大物 = 거물, 거물급

げいのうじん
芸能人 = 연예인

おおものげいのうじん 大物芸能人が	す 住んでいたらしい。
거물급 연예인이	살았던 모양이다.

문장 3번 따라 쓰기

응용 문장 2번씩 쓰기

① 동료 중 한 명이 회사를 그만두는 모양이다.

힌트 同僚(どうりょう)の一人(ひとり) = 동료 중 한 명 / 会社(かいしゃ) = 회사 / 辞(や)める = 그만두다

② 성격은 얼굴에 나오는 모양이야.

힌트 性格(せいかく) = 성격 / 顔(かお)に出(で)る = 얼굴에 나오다[드러나다]

응용 문장 모범 답안

① 同僚(どうりょう)の一人(ひとり)が会社(かいしゃ)を辞(や)めるらしい。

② 性格(せいかく)は顔(かお)に出(で)るらしい(よ)。

매일 1장

일본어 쓰기 습관

100일의 기적

私は日本語の勉強をする

CHAPTER 09

가정법으로 말하기

081 最近少し忙しいので、落ち着いたら連絡します。

082 目が覚めたら雪が降っていた。

083 気分転換に旅行でも行ったらどうですか。

084 君も年を取ればわかるだろう。

085 学べば学ぶほど自分が何も知らなかったことに気づく。

086 あんなこと言わなければよかった。

087 不思議なことに、夜になると元気になります。

088 ふと夜空を見ると流れ星が降ってきた。

089 そんなに嫌なら辞めたらどうですか。

090 要らないんだったら私にください。

準備ができました

DAY 081

MP3_081

____월 ____일

最近(さいきん)少(すこ)し忙(いそが)しいので、落(お)ち着(つ)いたら連絡(れんらく)します。

요새 조금 바빠서,

정리되면 연락할게요.

문장 파헤치기

명사/い형용사/な형용사/동사의 た형+ら = ~이면/하면

명사/い형용사/な형용사/동사의 ない형의 어간+かったら = ~이지/하지 않으면

가정법 중 사용 범위가 가장 넓은 표현. (일회성에 그치는 일과 회화체에서 주로 쓰임.)

오늘은 ① 아직 발생하지 않은 일을 가정하는 경우를 학습.

落(お)ち着(つ)く = 정리되다, 자리 잡다 → **落(お)ち着(つ)いたら** = 정리되면, 자리 잡으면

最近(さいきん) = 요새, 최근 / **少(すこ)し** = 조금 / **忙(いそが)しい** = 바쁘다

~ので = ~이기 때문에 / **連絡(れんらく)する** = 연락하다

最近(さいきん)	少(すこ)し	忙(いそが)しいので、
요새	조금	바빠서,

落(お)ち着(つ)いたら	連絡(れんらく)します。
정리되면	연락할게요.

문장 3번 따라 쓰기

응용 문장 2번씩 쓰기

① 싱거우면 간장을 뿌리세요.

힌트 味(あじ)が薄(うす)い = 싱겁다 / 醤油(しょうゆ)をかける = 간장을 뿌리다

② 따뜻해지면 놀러 가고 싶다.

힌트 暖(あたた)かい = 따뜻하다 / 遊(あそ)ぶ = 놀다 / 行(い)く = 가다

응용 문장 모범 답안

① 味(あじ)が薄(うす)かったら醤油(しょうゆ)をかけてください。

② 暖(あたた)かくなったら遊(あそ)びに行(い)きたい。

MP3_082

DAY 082

_____월 _____일

目(め)が覚(さ)めたら 雪(ゆき)が降(ふ)っていた。

눈을 떴더니

눈이 내리고 있었다.

문장 파헤치기

동사의 た형+ら = ~했더니, ~하니까

가정법 중 사용 범위가 가장 넓은 표현.

오늘은 ② 이미 발생한 일[상황]을 전제하는 경우를 학습.

전제 조건을 계기로 이후 특정한[혹은 뜻밖의] 상황이 펼쳐지는 경우에 주로 쓰임.

또한 전제 조건 이후 벌어진 상황 속 술어로는 **た**형(과거형)이 쓰임.

目(め)が覚(さ)める = 눈을 뜨다, 잠에서 깨다

→ **目(め)が覚(さ)めたら** =눈을 떴더니, 잠에서 깨니까

雪(ゆき) = (하늘에서 내리는) 눈

降(ふ)る = 내리다 → **降(ふ)っていた** = 내리고 있었다

目(め)が覚(さ)めたら | 雪(ゆき)が降(ふ)っていた。

눈을 떴더니 | 눈이 내리고 있었다.

문장 3번 따라 쓰기

응용 문장 2번씩 쓰기

① 방을 정리했더니 기분이 상쾌했다.

힌트 部屋(へや) = 방 / 片付(かたづ)ける = 정리하다 / 気持(きも)ちがすっきりする = 기분이 상쾌하다

② 관심 있는 사람에게 라인을 보냈더니 바로 읽었다(읽음 상태가 되었다).

힌트 気(き)になる人(ひと) = 관심 있는 사람 / 送(おく)る = 보내다 / 既読(きどく)になる = 읽음 상태가 되다

응용 문장 모범 답안

① 部屋(へや)を片付(かたづ)けたら気持(きも)ちがすっきりした。

② 気(き)になる人(ひと)にラインを送(おく)ったらすぐ既読(きどく)になった。

MP3_083

DAY 083

_____월_____일

気分転換(きぶんてんかん)に
旅行(りょこう)でも行(い)ったらどうですか。

기분 전환 겸

여행이라도 가는 게 어때요?

문장 파헤치기

동사의 た형+らどうですか = ~하는 게 어때요?

상대방에게 어떠한 행동을 하도록 제안하는 표현.

반말체로 쓸 경우에는

'**~たらどう?**/**~たら?** = ~하는 게 어때?'와 같이 말할 수 있음.

行(い)く = 가다

→ **行(い)ったらどうですか** = 가는 게 어때요?

気分転換(きぶんてんかん)に = 기분 전환 겸

旅行(りょこう) = 여행 / **~でも** = ~(이)라도

気分転換(きぶんてんかん)に	旅行(りょこう)でも	行(い)ったらどうですか。
기분 전환 겸	여행이라도	가는 게 어때요?

문장 3번 따라 쓰기

응용 문장 2번씩 쓰기

① 선생님한테 물어보는 게 어때?

힌트 先生(せんせい)に = 선생님한테 / 聞(き)いてみる = 물어보다

② 가끔은 편히 쉬는 게 어때요?

힌트 たまには = 가끔은 / ゆっくりする = 편히 쉬다, 느긋하게 보내다

응용 문장 모범 답안

① 先生(せんせい)に聞(き)いてみたらどう？（＝聞(き)いてみたら？）

② たまにはゆっくりしたらどうですか。

MP3_084

DAY 084

_____월 _____일

君(きみ)も年(とし)を取(と)れば

わかるだろう。

너도 나이를 먹으면

알겠지.

문장 파헤치기

명사/な형용사의 어간 +ならば = ~이면

명사/な형용사의 어간 +じゃなければ = ~이 아니면, ~이지 않으면

い형용사의 어간 +ければ/くなければ = ~이면/~이지 않으면

동사의 어미를 え단으로 변경+ば = ~하면

동사의 ない형+なければ = ~하지 않으면

가정법의 일종으로, 전술한 조건이 충족되면 항상 후술한 내용이 일어나는 경우에 주로 쓰이며 자연의 섭리, 속담, 상투적인 표현, 문어체 등에서 사용 빈도가 높음.

年(とし)を取(と)る = 나이를 먹다 → **年(とし)を取(と)れば** = 나이를 먹으면

君(きみ) = 너, 자네 / **わかる** = 알다, 이해하다 / **~だろう** = ~일 것이다, ~이겠지

君(きみ)も	年(とし)を取(と)れば	わかるだろう。
너도	나이를 먹으면	알겠지.

문장 3번 따라 쓰기

응용 문장 2번씩 쓰기

① 아무것도 하지 않으면 아무것도 시작되지 않아요.

힌트 何(なに)も = 아무것도 / やる = 하다 / 始(はじ)まる = 시작되다

② 티끌 모아 태산. (= 티끌도 쌓이면 태산이 된다.)

힌트 ちり = 티끌, 먼지 / 積(つ)もる = 쌓이다, 모이다 / 山(やま)となる = 산이 되다

응용 문장 모범 답안

① 何(なに)もやらなければ何(なに)も始(はじ)まりません (= 始(はじ)まらないです)。

② ちりも積(ち)もれば山(やま)となる。

MP3_085

DAY 085

____월 ____일

学(まな)べば学(まな)ぶほど自分(じぶん)が何(なに)も知(し)らなかったことに気(き)づく。

배우면 배울수록 내가 아무것도 몰랐다는 사실을 깨닫는다.

문장 파헤치기

명사+であれば+(명사+で)あるほど = ~이면 (~)일수록

い형용사의 어간+ければ+い형용사의 기본형+ほど = ~이면 ~일수록

な형용사의 어간+なら+な형용사의 어간+な+ほど = ~이면 ~일수록

동사의 어미를 え단으로 변경+ば+동사의 기본형+ほど = ~하면 ~할수록

学(まな)ぶ = 배우다, 익히다 → **学(まな)べば学(まな)ぶほど** = 배우면 배울수록

自分(じぶん) = 자신, 나 (1인칭 대명사처럼 사용) / **何(なに)も** = 아무것도

知(し)らなかったこと = 몰랐다는 사실 / **~に気(き)づく** = ~을 깨닫다[알게 되다]

学(まな)べば学(まな)ぶほど | 自分(じぶん)が | 何(なに)も |
배우면 배울수록 / 내가 / 아무것도

知(し)らなかったことに | 気(き)づく。
몰랐다는 사실을 / 깨닫는다.

문장 3번 따라 쓰기

응용 문장 2번씩 쓰기

① 역에 가까우면 가까울수록 집세가 비싸요.

힌트 駅(えき) = 역 / 近(ちか)い = 가깝다 / 家賃(やちん)が高(たか)い = 집세가 비싸다

② 조급해하면 조급해할수록 일이 잘 안 풀린다.

힌트 焦(あせ)る = 조급해하다, 안달하다 / うまくいく = 일이 잘 풀리다, 순조롭게 진행되다

응용 문장 모범 답안

① 駅(えき)に近(ちか)ければ近(ちか)いほど家賃(やちん)が高(たか)いです。

② 焦(あせ)れば焦(あせ)るほどうまくいかない。

DAY 086

____월____일

MP3_086

あんなこと 言(い)わなければよかった。

그런 말
하지 말 걸 그랬다.

문장 파헤치기

가정법(~ば)+よかった = ~할 걸 그랬다, ~했으면 좋았을 텐데

위 표현은 과거의 일을 회상하며 후회하고 아쉬워하는 표현.
(*'~**ばよかったのに**'라고 말하기도 하며, 이렇게 말할 경우 상대방이 한 일을 비난하거나 아쉬워하는 마음을 나타내기도 함.)

言(い)う = 말하다
→ [가정법] **言(い)え**ば = 말하면 / **言(い)**わなければ = 말하지 않으면
→ **言(い)わ**なければよかった = 말하지 말 걸 그랬다
あんなこと = 그런 말, 저런 일

あんなこと	言(い)わなければよかった。
그런 말	(말)하지 말 걸 그랬다.

문장 3번 따라 쓰기

응용 문장 2번씩 쓰기

① 조금 더 진지하게 이야기를 들어줄 걸 그랬다.

힌트 真剣(しんけん)に = 진지하게 / 話(はなし)を聞(き)いてあげる = 이야기를 들어주다

② 긴팔 가지고 올 걸 그랬어요.

힌트 長袖(ながそで) = 긴팔 / 持(も)って来(く)る = 가지고 오다

응용 문장 모범 답안

① もう少(すこ)し真剣(しんけん)に話(はなし)を聞(き)いてあげればよかった。

② 長袖(ながそで)持(も)って来(く)ればよかったです。

MP3_087

DAY 087

____월____일

不思議(ふしぎ)なことに、夜(よる)になると元気(げんき)になります。

신기하게도

밤이 되면 기운이 나요.

문장 파헤치기

명사+だ/い형용사/な형용사/동사의 기본형 +と = ~이면/~하면

명사/い형용사/な형용사/동사의 ない형 +と = ~이 아니면/~하지 않으면

가정법의 일종으로 자연의 섭리, 불변의 법칙, 반복되는 습관 등을 표현할 때 자주 쓰임.

오늘은 ① 아직 일어나지 않은 일을 가정하는 경우를 학습.

(*부정형으로 가정하면 보통 곤란한 상황을 시사하거나 충고하는 내용이 뒤따라 나옴.)

夜(よる)になる = 밤이 되다

→ **夜(よる)になると** = 밤이 되면

不思議(ふしぎ)なことに = 신기하게도, 이상하게도

元気(げんき)になる = 기운이 나다, 힘이 나다, 건강해지다

不思議(ふしぎ)なことに	夜(よる)になると	元気(げんき)になります。
신기하게도	밤이 되면	기운이 나요.

문장 3번 따라 쓰기

응용 문장 2번씩 쓰기

① 레인보우 브리지를 건너면 오다이바에 도착합니다.

힌트 レインボーブリッジ = 레인보우 브리지 / 渡(わた)る = 건너다 / お台場(だいば) = 오다이바

② 이산화탄소가 늘어나면 지구의 기온이 오른다.

힌트 二酸化炭素(にさんかたんそ) = 이산화탄소 / 増(ふ)える = 늘어나다 / 地球(ちきゅう)の気温(きおん) = 지구의 기온

응용 문장 모범 답안

① レインボーブリッジを渡(わた)るとお台場(だいば)に着(つ)きます。

② 二酸化炭素(にさんかたんそ)が増(ふ)えると地球(ちきゅう)の気温(きおん)が上(あ)がる。

MP3_088

DAY 088

____월____일

ふと夜空(よぞら)を見(み)ると
流(なが)れ星(ぼし)が降(ふ)ってきた。

문득 밤하늘을 봤더니

별똥별이 떨어졌다.

문장 파헤치기

명사+だ/い형용사/な형용사/동사의 기본형 +と = ~했더니

오늘은 위 표현으로 ② 이미 발생한 일을 전제하는 경우를 학습.

이렇게 사용할 경우 뜻밖의 상황이 펼쳐지는 때에 주로 사용되며

뒤에 이어지는 내용 속 술어는 た형(과거형)이 쓰임.

見(み)る = 보다 → **見(み)ると** = 봤더니

ふと = 문득, 갑자기, 이유 없이

夜空(よぞら) = 밤하늘 / **流(なが)れ星(ぼし)** = 별똥별, 유성

降(ふ)る = 내리다 / **~てくる** = ~해 오다 (이동이나 변화 등을 나타내는 표현)

ふと	夜空(よぞら)を	見(み)ると	流(なが)れ星(ぼし)が	降(ふ)ってきた。
문득	밤하늘을	봤더니	별똥별이	떨어졌다.

문장 3번 따라 쓰기

응용 문장 2번씩 쓰기

① 책상 서랍을 열어 봤더니 한 통의 편지가 들어있었다.

힌트 机(つくえ)の引(ひ)き出(だ)し = 책상 서랍 / 開(あ)けてみる = 열어 보다 / 入(はい)る = 들어가다

② 제가 엘리베이터를 탔더니 버저가 울렸어요.

힌트 エレベーターに乗(の)る = 엘리베이터를 타다 / ブザーが鳴(な)る = 버저가 울리다

응용 문장 모범 답안

① 机(つくえ)の引(ひ)き出(だ)しを開(あ)けてみると、一通(いっつう)の手紙(てがみ)が入(はい)っていた。

② 私(わたし)がエレベーターに乗(の)るとブザーが鳴(な)りました。

MP3_089

DAY 089

____월 ____일

そんなに嫌(いや)なら 辞(や)めたらどうですか。

그렇게 싫으면
관두는 게 어때요?

문장 파헤치기

명사의 보통형/い형용사의 보통형/な형용사의 보통형+なら

= ~이라면/였다면, ~이 아니면/아니었다면 (*현재형은 'な형용사의 어간'에 접속)

동사의 보통형+なら = ~한다면/했다면, ~하지 않는다면/않았다면

(*동사의 보통형 자리에 '진행형'과 '가능형'도 올 수 있음)

가정법의 일종으로, 화자가 상황을 가정하거나 무언가를 권유[추천]할 때 자주 쓰임.

자연의 섭리나 불변의 법칙에는 사용할 수 없음.

嫌(いや)だ = 싫다 → **嫌(いや)なら** = 싫으면, 싫다면

そんなに = 그렇게 / **辞(や)める** = 관두다

~たらどうですか = ~하는 게 어때요?

そんなに	嫌(いや)なら	辞(や)めたらどうですか。
그렇게	싫으면	관두는 게 어때요?

문장 3번 따라 쓰기

응용 문장 2번씩 쓰기

① 일본어를 배운다면 '시원스쿨'.

힌트 日本語(にほんご) = 일본어 / 習(なら)う = 배우다 / シウォンスクール = 시원스쿨

② 학생이라면 할인된 가격으로 이용할 수 있습니다.

힌트 学生(がくせい) = 학생 / 割引価格(わりびきかかく) = 할인된 가격 / 利用(りよう)する = 이용하다

응용 문장 모범 답안

① 日本語(にほんご)を習(なら)うなら「シウォンスクール」。

② 学生(がくせい)なら割引価格(わりびきかかく)で利用(りよう)できます。

MP3_090

DAY 090

____월 ____일

要(い)らないんだったら 私(わたし)にください。

필요 없으면
저한테 주세요.

문장 파헤치기

명사의 보통형/い형용사의 보통형/な형용사의 보통형+んだったら

= ~이라면/였다면, ~이 아니면/아니었다면

(*현재형은 '명사와 な형용사의 어간'에 な 접속)

동사의 보통형+んだったら = ~한다면/했다면, ~하지 않는다면/않았다면

(*동사의 보통형 자리에 '진행형'과 '가능형'도 올 수 있음)

앞서 배운 '~なら'와 동일한 쓰임의 가정법으로, 문어체보다는 구어체에 자주 나옴.

要(い)らない = 필요 없다

→ **要(い)らない**んだったら = 필요 없으면, 필요 없는 거면

私(わたし)に = 저에게, / **ください** = 주세요

要(い)らないんだったら	私(わたし)に	ください。
필요 없으면	저한테	주세요.

문장 3번 따라 쓰기

응용 문장 2번씩 쓰기

① 배(가) 고픈 거면 이거 먹을래?

힌트 お腹(なか)が空(す)く = 배가 고프다 / これ = 이것 / 食(た)べる = 먹다

② 졸리면 집에 가도 돼.

힌트 眠(ねむ)い = 졸리다 / 帰(かえ)る = 집에 가다, 귀가하다

응용 문장 모범 답안

① お腹(なか)(が)空(す)いたんだったらこれ食(た)べる？

② 眠(ねむ)いんだったら帰(かえ)ってもいいよ。

매일 1장 일본어 쓰기 습관 100일의 기적

私は日本語の勉強をする

CHAPTER 10

수동형/사역형으로 말하기

091 好きな人からデートに誘われました。

092 私のプリンを弟に食べられた。

093 カンジャンケジャンは日本でも愛されています。

094 突然雨に降られて服が濡れてしまいました。

095 お待たせしました。こちら親子丼セットでございます。

096 両親は私に妹の面倒を見させた。

097 犬にリードをつけて散歩させましょう。

098 選手たちの活躍は私たちの胸を熱くさせた。

099 最後に、一曲歌わせてください。

100 悲しいこと、全部忘れさせてあげるよ。

準備ができました

DAY 091

____월 ____일

MP3_091

好き(す)な人(ひと)から デートに誘(さそ)われました。

좋아하는 사람에게
데이트 신청을 받았어요.

문장 파헤치기

수동형 : 주어가 어떤 행위를 당하는 경우, 주어의 소유물이 어떤 행위를 당하는 경우, 주어가 원치 않는 행위를 당해 피해 받은 사실을 말하고 싶은 경우 등에 쓰는 표현.
(*이때 주어가 '나'이거나 불특정 다수라면 주어는 보통 생략됨.)

1그룹 동사의 '반말체 현재 수동형'은 어미를 **あ**단으로 바꾸고 **れる**를 붙임.

1그룹 동사(어미를 あ단으로 변경)+れる = ~함을 당하다, ~해지다

誘(さそ)う = 제안하다, 불러내다, 유혹하다 / **デート** = 데이트
デートに誘(さそ)う = 데이트에 불러내다 = 데이트 신청을 하다
→ **デートに誘(さそ)われました** = 데이트 신청을 받았어요
好き(す)な人(ひと) = 좋아하는 사람 / **~から** = ~로부터, ~에게

好き(す)な人(ひと)から | デートに誘(さそ)われました。
좋아하는 사람에게 　데이트 신청을 받았어요.

문장 3번 따라 쓰기

응용 문장 2번씩 쓰기

① 밤새도록 아기가 울었다. (= 밤새도록 아기에게 울음을 당했다.)

힌트 一晩中(ひとばんじゅう) = 밤새도록 / 赤(あか)ちゃん = 아기 / 泣(な)く = 울다

② '해리포터'는 전 세계에서 읽혀지고 있어요.

힌트 ハリー・ポッター = 해리포터 / 世界中(せかいじゅう)で = 전 세계에서 / 読(よ)む = 읽다

응용 문장 모범 답안

① 一晩中赤ちゃんに泣かれた。(ひとばんじゅうあかちゃんになかれた)

②『ハリー・ポッター』は世界中で読まれています。(せかいじゅう, よ)

MP3_092

DAY 092

____월____일

私(わたし)のプリンを 弟(おとうと)に食(た)べられた。

내 푸딩을
남동생이 먹었다.

문장 파헤치기

2그룹 동사의 '반말체 현재 수동형'은 어미(る)를 탈락시킨 후 **られる**를 붙임.

2그룹 동사(어미(る) 탈락)+られる = ~함을 당하다, ~해지다

(*2그룹 수동형 동사는 2그룹 가능형 동사와 형태가 같으나
가능형처럼 구어체에서 **られる**의 **ら**가 생략되지 않음.)

食(た)べる = 먹다
→ **食(た)べられた** = 먹음 당했다 (= 남이 먹었다)
プリン = 푸딩
弟(おとうと) = 남동생

私(わたし)のプリンを	弟(おとうと)に	食(た)べられた。
내 푸딩을	남동생에게 (남동생이)	먹음 당했다. (먹었다)

문장 3번 따라 쓰기

응용 문장 2번씩 쓰기

① "잘 참았네"라며 의사 선생님에게 칭찬받았습니다.

힌트 よく我慢(がまん)したね = 잘 참았네 / お医者(いしゃ)さん = 의사 선생님 / 褒(ほ)める = 칭찬하다

② 도쿄 타워는 1958년에 지어졌다.

힌트 東京(とうきょう)タワー = 도쿄 타워 / 1958 年(ねん) = 1958년 / 建(た)てる = 세우다, 짓다

응용 문장 모범 답안

①「よく我慢(がまん)したね」とお医者(いしゃ)さんに褒(ほ)められました。

② 東京(とうきょう)タワーは 1958 年(ねん)に建(た)てられた。

MP3_093

DAY 093

____월 ____일

カンジャンケジャンは日本(にほん)でも愛(あい)されています。

간장게장은
일본에서도 사랑받고 있어요.

문장 파헤치기

3그룹 동사의 '반말체 현재 수동형'은 불규칙 변화 형태이므로 그냥 암기.

3그룹 동사(불규칙 변화) = ~함을 당하다, ~해지다

する = 하다 → **される** = 함을 당하다, 해지다

来(く)る = 오다 → **来(こ)られる** = 옴을 당하다 (나는 원치 않았으나 남이 오는 경우)

愛(あい)する = 사랑하다

→ **愛(あい)される** = 사랑함을 당하다 = 사랑받다

愛(あい)されています = 사랑받고 있어요

カンジャンケジャン = 간장게장

日本(にほん) = 일본 / **~でも** = ~에서도

カンジャンケジャンは	日本(にほん)でも	愛(あい)されています。
간장게장은	일본에서도	사랑받고 있어요.

문장 3번 따라 쓰기

응용 문장 2번씩 쓰기

① 티켓은 다음 달부터 발매됩니다.

힌트 チケット = 티켓 / 来月(らいげつ)から = 다음 달부터 / 発売(はつばい)する = 발매하다

② 갑자기 많은 손님이 왔다(손님에게 옴을 당했다).

힌트 いきなり = 갑자기 / 大勢(おおぜい)のお客(きゃく)さん = 많은 손님

응용 문장 모범 답안

① チケットは来月(らいげつ)から発売(はつばい)されます。

② いきなり大勢(おおぜい)のお客(きゃく)さんに来(こ)られた。

DAY 094

MP3_094

_____월_____일

突然(とつぜん)雨(あめ)に降(ふ)られて 服(ふく)が濡(ぬ)れてしまいました。

갑자기 비를 맞아서
옷이 젖어버렸어요.

문장 파헤치기

수동형+て = ~함을 당해서

雨(あめ)が降(ふ)る = 비가 내리다

→ **雨(あめ)に降(ふ)られる** = (내가) 비에게 내림을 당하다 = 비를 맞다

雨(あめ)に降(ふ)られて = (내가) 비에게 내림을 당해서 = 비를 맞아서

突然(とつぜん) = 돌연, 갑자기 / **服(ふく)** = 옷 / **濡(ぬ)れる** = 젖다

~てしまう = ~해버리다

突然(とつぜん)	雨(あめ)に降(ふ)られて
갑자기	(내가) 비에게 내림을 당해서 (비를 맞아서)
服(ふく)が	濡(ぬ)れてしまいました。
옷이	젖어버렸어요.

문장 3번 따라 쓰기

응용 문장 2번씩 쓰기

① 남자친구에게 차여서 오열했다.

힌트 彼氏(かれし) = 남자친구 / 振(ふ)る = 차다 / 号泣(ごうきゅう)する = 오열하다, 통곡하다

② 주정꾼이 소란스럽게 굴어서 한숨도 못 잤어요.

힌트 酔(よ)っ払(ぱら)い = 주정꾼, 취객 / 騒(さわ)ぐ = 소란을 피우다 / 一睡(いっすい)する = 한숨 자다

응용 문장 모범 답안

① 彼氏(かれし)に降(ふ)られて号泣(ごうきゅう)した。

② 酔(よ)っ払(ぱら)いに騒(さわ)がれて一睡(いっすい)もできなかったです (= 一睡(いっすい)もできませんでした)。

MP3_095

DAY 095

____월____일

お待(ま)たせしました。
こちら親子丼(おやこどん)セットでございます。

오래 기다리셨습니다.

여기 오야코동 세트입니다.

문장 파헤치기

사역형 : 어떤 행위를 지시하거나 허락할 때 사용하는 표현.

1그룹 동사의 '반말체 현재 사역형'은 어미를 **あ**단으로 바꾸고 **せる**를 붙임.

1그룹 동사(어미를 あ단으로 변경)+せる = ~하게 하다/시키다

(*어미가 **う**로 끝나는 경우 **わ**로 바뀜)

待(ま)つ = 기다리다

→ **待(ま)た**せる = 기다리게 하다

お待(ま)たせしました = 기다리시게 했습니다 (***お**를 붙여 공손함을 한층 더함.)

親子丼(おやこどん) = 오야코동; 닭고기와 계란으로 만든 덮밥 / **セット** = 세트

~**でございます** = ~이옵니다 ('~**です**(~입니다)'의 정중어)

お待(ま)たせしました。	こちら	親子丼(おやこどん)セットでございます。
오래 기다리시게 했습니다.	이것은	오야코동 세트입니다.

문장 3번 따라 쓰기

응용 문장 2번씩 쓰기

① 내 절친은 항상 반 친구들을 웃긴다.

힌트 親友(しんゆう) = 절친 / いつも = 항상 / クラスのみんな = 반 친구들 / 笑(わら)う = 웃다

② 되도록 아이들을 자연 속에서 놀게 하고 있어요.

힌트 なるべく = 되도록 / 子供(こども)たち = 아이들 / 自然(しぜん)の中(なか) = 자연 속 / 遊(あそ)ぶ = 놀다

응용 문장 모범 답안

① 私(わたし)の親友(しんゆう)はいつもクラスのみんなを笑(わら)わせる。

② なるべく子供(こども)たちを自然(しぜん)の中(なか)で遊(あそ)ばせています。

MP3_096

DAY 096

____월 ____일

両親(りょうしん)は私(わたし)に
妹(いもうと)の面倒(めんどう)を見(み)させた。

부모님은 내게

여동생을 돌보게 시켰다.

문장 파헤치기

2그룹 동사의 '반말체 현재 사역형'은 어미(**る**)를 탈락시킨 후 **させる**를 붙임.

2그룹 동사(어미(る) 탈락)+させる = ~하게 하다/시키다

面倒(めんどう)を見(み)る = 돌보다, 보살피다

→ **面倒(めんどう)を見(み)**させた = 돌보게 시켰다

両親(りょうしん) = 부모(님)

私(わたし)に = 나에게

妹(いもうと) = 여동생

両親(りょうしん)は	私(わたし)に	妹(いもうと)の面倒(めんどう)を見(み)させた。
부모님은	내게	여동생을 돌보게 시켰다.

문장 3번 따라 쓰기

○

○

○

응용 문장 2번씩 쓰기

① 그에게 사건 현장을 알아 보게 했어요.

힌트 彼に(かれ) = 그에게 / 事件現場(じけんげんば) = 사건 현장 / 調べる(しら) = 알아보다, 조사하다

○

○

② 매번 아이에게 장난감을 정리하게 한다.

힌트 毎回(まいかい) = 매번 / 子供に(こども) = 아이에게 / おもちゃ = 장난감 / 片付ける(かたづ) = 정리하다

○

○

응용 문장 모범 답안

① 彼(かれ)に事件現場(じけんげんば)を調(しら)べさせました。

② 毎回(まいかい)子供(こども)におもちゃを片付(かたづ)けさせる。

MP3_097

DAY 097

____월____일

犬(いぬ)にリードをつけて散歩(さんぽ)させましょう。

강아지에게 리드줄을 달고 산책시킵시다.

문장 파헤치기

3그룹 동사의 '반말체 현재 사역형'은 불규칙 변화 형태이므로 그냥 암기.

3그룹 동사(불규칙 변화) = ~하게 하다/시키다

する = 하다 → **させる** = 하게 하다, 시키다

来(く)る = 오다 → **来(こ)させる** = 오게 하다

散歩(さんぽ)する = 산책하다

→ **散歩(さんぽ)させる** = 산책시키다

散歩(さんぽ)させましょう = 산책시킵시다

犬(いぬ) = 개, 강아지

リードをつける = 리드줄을 달다

犬(いぬ)に	リードをつけて	散歩(さんぽ)させましょう。
강아지에게	리드줄을 달고	산책시킵시다.

문장 3번 따라 쓰기

응용 문장 2번씩 쓰기

① 병원에서는 신분증을 가지고 오게 시킵니다.

힌트 病院(びょういん)では = 병원에서는 / 身分証(みぶんしょう) = 신분증 / 持(も)って来(く)る = 가지고 오다

② 피곤했던지라 아들에게 식사 준비를 시켰다.

힌트 疲(つか)れていた = 피곤했다 / 食事(しょくじ)の用意(ようい)をする = 식사 준비를 하다

응용 문장 모범 답안

① 病院(びょういん)では身分証(みぶんしょう)を持(も)って来(こ)させます。

② 疲(つか)れていたので息子(むすこ)に食事(しょくじ)の用意(ようい)をさせた。

MP3_098

DAY 098

____월____일

選手(せんしゅ)たちの活躍(かつやく)は
私(わたし)たちの胸(むね)を熱(あつ)くさせた。

선수들의 활약은

우리들의 가슴을 뜨겁게 만들었다.

문장 파헤치기

명사의 기본형/**な**형용사의 어간+にさせる = ~로 만들다, ~이게 만들다/시키다

い형용사의 어간+くさせる = ~이게 만들다/시키다

명사, **い**형용사, **な**형용사의 사역형으로, 이 또한 어떠한 행위를 지시하거나 어떠한 상태로 변화시킬 때 사용하는 표현.

熱(あつ)い = 뜨겁다

→ **熱(あつ)くさせた** = 뜨겁게 만들었다

選手(せんしゅ) = 선수 / ~**たち** = ~들 (복수형) / **活躍(かつやく)** = 활약

私(わたし)たち = 우리 / **胸(むね)** = 가슴

選手(せんしゅ)たちの活躍(かつやく)は	私(わたし)たちの胸(むね)を	熱(あつ)くさせた。
선수들의 활약은	우리들의 가슴을	뜨겁게 만들었다.

문장 3번 따라 쓰기

응용 문장 2번씩 쓰기

① 선생님은 학생들을 한 번에 조용하게 만들었다.

힌트 先生(せんせい) = 선생님 / 生徒(せいと)たち = 학생들 / 一発(いっぱつ)で = 한 번에 / 静(しず)かだ = 조용하다

② 어둠은 사람을 불안한 마음을 들게 만든다.

힌트 暗闇(くらやみ) = 어둠 / 人(ひと) = 사람 / 不安(ふあん)な気持(きも)ち = 불안한 마음

응용 문장 모범 답안

① 先生(せんせい)は生徒(せいと)たちを一発(いっぱつ)で静(しず)かにさせた。

② 暗闇(くらやみ)は人(ひと)を不安(ふあん)な気持(きも)ちにさせる。

DAY 099

MP3_099

____월____일

最後(さいご)に、一曲(いっきょく)歌(うた)わせてください。

마지막으로

노래 한 곡 부르겠습니다.

문장 파헤치기

사역형+てください = ~하게 해 주세요

본인의 의사를 적극적으로 전달하며 허락을 구하는 표현.

歌(うた)う = 부르다

→ [사역형] **歌(うた)わせる** = 부르게 만들다

歌(うた)わせてください = 부르게 해 주세요, 부르겠습니다

最後(さいご)に = 마지막으로

一曲(いっきょく) = (노래) 한 곡

最後(さいご)に、	一曲(いっきょく)	歌(うた)わせてください。
마지막으로	(노래) 한 곡	부르겠습니다.

문장 3번 따라 쓰기

○

○

○

응용 문장 2번씩 쓰기

① 그 일, 제가 하겠습니다(제가 하게 해 주세요).

힌트 その仕事(しごと) = 그 일 / 私(わたし)に = 저에게 / やる = 하다

○

○

② 이 자리를 빌려 감사의 뜻을 전하고 싶습니다(감사 인사를 하게 해 주세요).

힌트 この場(ば)を借(か)りて = 이 자리를 빌려 / お礼(れい)をする = 감사 인사를 하다

○

○

응용 문장 모범 답안

① その仕事(しごと)、私(わたし)にやらせてください。

② この場(ば)を借(か)りてお礼(れい)をさせてください。

MP3_100

DAY 100

____월____일

悲(かな)しいこと、
全部(ぜんぶ)忘(わす)れさせてあげるよ。

슬픈 일

다 잊게 해 줄게.

문장 파헤치기

사역형+てあげる = (내가 남에게) ~하게 해 주다

사역형+てくれる = (남이 나에게) ~하게 해 주다

사역형+てもらう = (남에게) ~함을 허락 받다

(*'사역형+**てくれる**'와 '사역형+**てもらう**'는 같은 의미를 갖는 문장.)

위 표현들은 사역형과 수수동사가 접속한 형태로서

시키는 주체나 허락을 구하는 주체가 있는 경우에 사용하는 표현들.

忘(わす)れる = 잊다 → **忘(わす)れ**させてあげる = 잊게 해 주다

→ **忘(わす)れ**させてあげるよ = 잊게 해 줄게

悲(かな)しいこと = 슬픈 일 / **全部(ぜんぶ)** = 전부, 다

悲(かな)しいこと、	全部(ぜんぶ)	忘(わす)れさせてあげるよ。
슬픈 일	다	잊게 해 줄게.

문장 3번 따라 쓰기

○

○

○

응용 문장 2번씩 쓰기

① 일이 있었기 때문에 먼저 귀가했습니다(귀가함을 허락 받았습니다).

힌트 用事(ようじ)がある = 일이 있다, 용무가 있다 / 先(さき)に = 먼저 / 帰(かえ)る = 귀가하다

○

○

② 그는 영상 통화로 그의 가족을 만나게 해 줬다.

힌트 彼(かれ) = 그 / ビデオ通話(つうわ) = 영상 통화 / 家族(かぞく) = 가족 / 会(あ)う = 만나다

○

○

응용 문장 모범 답안

① 用事(ようじ)があったので、先(さき)に帰(かえ)らせてもらいました。

② 彼(かれ)はビデオ通話(つうわ)で彼(かれ)の家族(かぞく)に会(あ)わせてくれた。

매일 1장

일본어 쓰기 습관

100일의 기적

私は日本語の勉強をする

부록

핵심 문법 총정리

準備ができました

CHAPTER 01 연결해서 말하기

동사의 て형을 활용한 다양한 연결 표현 및 요청, 지시 표현 총정리.

① 동사의 **て**형 = ~하고

食べる(먹다) → **食べて**(먹고) / **忘れる**(깜빡하다) → **忘れて**(깜빡하고)

② 동사의 **て**형 = ~해서

雨が降る(비가 오다) → **雨が降って**(비가 와서)

③ 동사의 **ない**형+**で** = ~하지 않고, ~하지 말고

靴下を履く(양말을 신다) → **靴下を履かないで**(양말을 신지 않고)

④ 동사 **ない**형의 어간(**な**)+**くて** = ~하지 않아서, 안 ~해서

聞こえる(들리다) → **聞こえなくて**(들리지 않아서)

⑤ **~をください** = ~을(를) 주세요

カフェラテをください = 카페라떼를 주세요

⑥ 동사의 **て**형+**ください** = ~해 주세요

教える(가르치다) → **教えてください**(가르쳐 주세요)

⑦ 동사의 **て**형+(**ください** 생략) = ~해 줘

取る(잡다, 집다) → **取って**(잡아 줘, 집어 줘)

⑧ 동사의 **ない**형+**でください** = ~하지 마세요, ~하지 말아 주세요

一人にする(혼자 두다) → **一人にしないでください**(혼자 두지 마세요)

⑨ 동사의 **ない**형+**で** = ~하지 마

気にする(신경 쓰다) → **気にしないで**(신경 쓰지 마)

⑩ 동사의 **て**형+**ね** = ~해 (줘)

遊びに来る(놀러 오다) → **遊びに来てね**(놀러 와 줘)

CHAPTER 02 현재 진행/상태/미완료형으로 말하기

동사의 て형을 활용한 현재 진행/상태/미완료형 표현 총정리.

① (현재 진행) 동사의 **て**형+**います** = ~하고 있어요[있습니다], ~하고 있는 중이에요

読む(읽다) → **読んでいます**(읽고 있어요)

② (현재 상태) 동사의 **て**형+**います** = ~하고 있어요[있습니다], ~해요[합니다]

住む(살다) → **住んでいます**(살고 있어요)

③ (현재 진행) 동사의 **て**형+**いる** = ~하고 있다[있어], ~하고 있는 중이다[중이야]

寝る(자다) → **寝ている**(자고 있다[있어])

④ (현재 상태) 동사의 **て**형+**いる** = ~하고 있다[있어], ~하다[해]

咲く((꽃이) 피다) → **咲いている**((꽃이) 피어 있다[있어])

⑤ (현재 미완료) 동사의 **て**형+**いません** = ~하지 않았어요[않았습니다]

結婚する(결혼하다) → **結婚していません**(결혼하지 않았어요)

⑥ (현재 미완료) 동사의 **て**형+**いないです** = ~하지 않았어요[않았습니다]

来る(오다) → **来ていないです**(오지 않았어요)

⑦ (현재 미완료) 동사의 **て**형+**いない** = ~하지 않았다[않았어]

変わる(변하다) → **変わっていない**(변하지 않았다[않았어])

⑧ (현재 진행) 동사의 **て**형+**いる**+명사 = ~하고 있는 ~, ~하는 ~

遊ぶ(놀다) / **子**(아이) → **遊んでいる子**(놀고 있는 아이)

⑨ (현재 상태) 동사의 **て**형+**いる**+명사 = ~하고 있는 ~, ~하는 ~

つながる(이어지다) / **気**(기분) → **つながっている気**(이어져 있는 기분)

⑩ (현재 미완료) 동사의 **て**형+**いない**+명사 = ~하지 않은 ~

気づく(알아채다) / **こと**(경우) → **気づいていないこと**(알아채지 못하는 경우)

CHAPTER 03 과거 진행/완료형으로 말하기

동사의 て형을 활용한 과거 진행/완료형 표현 총정리.

① (과거 진행) 동사의 て형+いました = ~하고 있었어요, ~하고는 했어요

通う(다니다) → **通っていました**(다니고 있었어요)

② (과거 완료) 동사의 て형+いました = ~해있었어요[있었습니다]

終わる(끝나다) → **終わっていました**(끝나있었어요)

③ (과거 진행) 동사의 て형+いた = ~하고 있었어[있었다], ~하고는 했어[했다]

働く(일하다) → **働いていた**(일하고 있었어[있었다])

④ (과거 완료) 동사의 て형+いた = ~해있었어[있었다]

落ちる(떨어지다) → **落ちていた**(떨어져있었어[있었다])

⑤ (과거 부정 진행) 동사의 て형+いませんでした = ~하(고 있)지 않았어요

付き合う(사귀다) → **付き合っていませんでした**(사귀(고 있)지 않았어요)

⑥ (과거 부정 완료) 동사의 て형+いませんでした = ~하지 않았어요

残る(남다) → **残っていませんでした**(남아있지 않았어요)

⑦ (과거 부정 진행/완료) 동사의 て형+いなかったです = ~하(고 있)지 않았어요

混む(붐비다) → **混んでいなかったです**(붐비지 않았어요)

⑧ (과거 부정 진행/완료) 동사의 て형+いなかった = ~하(고 있)지 않았었어[않았었다]

使う(사용하다) → **使っていなかった**(사용하지 않았었어[않았었다])

⑨ (과거 진행/완료) 동사의 て형+いた+명사 = ~하(고 있)던 ~

泣く(울다) / **夜**(밤) → **泣いていた夜**(울던 밤)

⑩ (과거 부정 진행/완료) 동사의 て형+いなかった+명사 = ~하(고 있)지 않(았)던 ~

覚える(외우다) /**こと**(일, 것) → **覚えていなかったこと**(외우지 않았던 것)

CHAPTER 04 た/て/ない/たい형으로 말하기

동사의 て형을 활용한 현재 진행/상태/미완료형 표현 총정리.

① 동사의 **た**형+**ことがある/ことがない** = ~한 적이 있다[있어]/없다[없어]

遊びに行く(놀러 가다) → **遊びに行ったことがある**(놀러 간 적이 있다)

② 동사의 **た**형+**り**, 동사의 **た**형+**り**+**する**= ~하거나 ~하거나 한다

歌ったり踊ったりする = 노래하거나[하기도 하고] 춤추기도 한다

③ 동사의 **た**형+**ばかりだ** = ~한 지 얼마 안 됐다[됐어], 막 ~했다[했어]

引っ越して来たばかりだ = 이사 온 지 얼마 안 됐다[됐어]

④ 동사의 **て**형+**もいいですか** = ~해도 됩니까[될까요]?

撮る(찍다, 촬영하다) → **撮ってもいいですか**(찍어도 됩니까?)

⑤ 동사의 **て**형+**いいです** = ~해도 됩니다[돼요]

連れて来る(데리고 오다) → **連れて来てもいいです**(데리고 와도 됩니다)

⑥ 동사의 **ない**형 어간+**くてもいいですか** = ~하지 않아도 됩니까[되나요]?

飲む(복용하다) → **飲まなくてもいいですか**(복용하지 않아도 되나요?)

⑦ 동사의 **て**형+**はいけません** = ~해서는 안 됩니다, ~하면 안 돼요

触る(만지다) → **触ってはいけません**(만져서는 안 됩니다)

⑧ 동사의 **ない**형 어간+**くてはいけません** = ~하지 않으면 안 됩니다[안 돼요]

乗る(타다) → **乗らなくてはいけません**(타지 않으면 안 됩니다)

⑨ 동사의 **て**형+**ほしい** = ~해 줬으면 좋겠다[좋겠어], ~해 주길 바란다[바라]

手伝う(돕다) → **手伝ってほしい**(도와줬으면 좋겠어)

⑩ 동사의 **ます**형+**たい/たいです** = ~하고 싶다[싶어]/싶어요

建てる(짓다) → **建てたいです**(짓고 싶어요)

CHAPTER 05 수수동사로 말하기

'주다, 받다'라는 의미의 수수동사를 활용한 핵심 표현들 총정리.

① **~に~をあげる** = ~에게 ~을[를] 주다

先輩の卒業式に花束をあげた。 = 선배 졸업식에 꽃다발을 줬다.

② **~は/が(私に)~をくれる** = ~은[는]/이[가] (내게) ~을[를] 주다

君は僕に勇気をくれた。 = 너는 내게 용기를 줬다.

③ **~に/から~をもらう** = ~에게/로부터 ~을[를] 받다

親戚からお年玉をもらいました。 = 친척에게 세뱃돈을 받았다.

④ **~に~を**+동사의 **て**형+**あげる** = ~에게 ~을[를] ~해 주다

父に使い方を教えてあげました。 = 아버지에게 사용법을 가르쳐 줬습니다.

⑤ **~は/が(私に)**+동사의 **て**형+**くれる** = ~은[는]/이[가] (내게) ~해 주다

職場の先輩がご飯に誘ってくれた。 = 직장 선배가 같이 밥 먹자고 제안해 줬다.

⑥ **~に/から**+동사의 **て**형+**もらう** = ~에게/로부터 ~해 받다 (= ~이[가] ~해 주다)

誰に描いてもらいましたか。 = 누가 그려 줬어요?

⑦ **~に~を(~て)さしあげる** = ~에게 ~을[를] (~해) 드리다

先生にプレゼントをさしあげました。 = 선생님께 선물을 드렸습니다.

⑧ **~は/が(私に)~を(~て)くださる** = ~은[는]/이[가] (내게) ~을[를] (~해) 주시다

考える時間をくださいませんか。 = 생각할 시간을 주시지 않겠습니까?

⑨ **~に/から~を(~て)いただく** = ~에게/로부터 ~을[를] (~해) 받다

説明会で名刺をいただいた。 = 설명회에서 명함을 받았다.

⑩ 동사의 **て**형+**もらいたい** = ~해 받고 싶다 (= ~해 줬으면 한다)

知る(알다) → **知ってもらいたい**(알아 줬으면 한다)

CHAPTER 06 청유/의지/계획에 대해 말하기

다양한 동사/명사/형용사를 활용한 '청유/의지/계획'을 말하는 표현들 총정리.

① ~ます → ~ましょう = ~합시다, ~하시죠

気をつける(조심하다) → 気をつけましょう(조심합시다)

② 1그룹 동사(어미를 お단으로 변경)+う = ~하자, ~해야지

話し合う(이야기를 나누다) → 話し合おう(이야기 나누자, 이야기 나눠야지)

③ 2그룹 동사(어미(る) 탈락)+よう = ~하자, ~해야지

忘れる(잊어버리다) → 忘れよう(잊어버리자, 잊어버려야지)

④ 3그룹 동사(불규칙 변화)+よう = ~하자, ~해야지

する(하다) → しよう(하자, 해야지) / 来(く)る(오다) → 来(こ)よう(오자, 와야지)

⑤ 형용사/동사의 보통형+と思う = ~일/할 것 같다[거라고 생각하다]

売り切れる(품절되다) → 売り切れると思います(품절될 것 같아요)

⑥ 동사의 의지형+と思う = ~하려고 생각하다, ~하고자[하려고] 한다

取る(따다) → 取ろうと思っているの?(따려고 하는 거야?)

⑦ 명사+の/동사의 기본형 +つもりだ = ~할 생각이다[작정이다]

参加する(참가하다) → 参加するつもりだ(참가할 생각이다)

⑧ 명사+の/동사의 기본형 +予定だ = ~할 예정이다

乗る(타다) → 乗る予定です(탈 예정이에요)

⑨ 명사+の/동사의 기본형+つもりだった/予定だった = ~할 생각이었다/예정이었다

見学する(구경하다) → 見学するつもりだった(구경할 생각이었다)

⑩ 동사의 과거형+つもりだった = ~했다고 생각했다, ~한 것 같았다

わかる(알다) → わかったつもりだった(알았다고 생각했다, 안 것 같았다)

CHAPTER 07 가능형으로 말하기

다양한 동사를 활용하여 '~할 수 있다/없다'와 같이 말하는 표현들 총정리.

① 동사의 기본형+**ことができる** = ~하는 것이 가능하다, ~할 수 있다

利用する(이용하다) → **利用することができる**(이용할 수 있다)

② 동사의 기본형+**ことができない** = ~하는 것이 가능하지 않다, ~할 수 없다

話しかける(말을 걸다) → **話しかけることができない**(말을 걸 수 없다)

③ 1그룹 동사(어미를 **え**단으로 변경)+**る** = ~할 수 있다

会う(만나다) → **会える**(만날 수 있다)

④ 2그룹 동사(어미(**る**) 탈락)+**られる** = ~할 수 있다

食べる(먹다) → **食べられる**(먹을 수 있다)

⑤ 3그룹 동사(불규칙 변화) = ~할 수 있다

する(하다) → **できる**(할 수 있다) / **来(く)る**(오다) → **来(こ)られる**(올 수 있다)

⑥ 1/2/3그룹 동사의 '반말체 현재 가능형'은 2그룹 동사처럼 활용.

買う(사다) → **買える**(살 수 있다) → **買えます**(살 수 있어요)

⑦ 동사의 기본형+**ようになる** = ~하게 되다, ~하도록 되다

いびきをかく(코를 골다) → **いびきをかくようになる**(코를 골게 되다)

⑧ 동사의 가능형+**ようになる** = ~할 수 있게 되다

聞き取る(알아듣다) → **聞き取れるようになる**(알아들을 수 있게 되다)

⑨ 동사의 **ます**형(가능형)+**そうだ** = ~할 (수 있을) 것 같다

倒れる(쓰러지다) → **倒れそうだ**(쓰러질 것 같다)

⑩ 동사의 **ます**형(가능형)+**そうにない/そうもない** = ~할 (수 있을) 것 같지 않다

寝る(자다) → **寝られそうにない**(잘 수 있을 것 같지 않다)

CHAPTER 08 명사/형용사/동사를 다양하게 말하기

명사/형용사/동사를 다양한 말투와 방식으로 말할 수 있는 표현들 총정리.

① 명사+**になる** = ~이[가] 되다

二十歳(스무 살) → **二十歳になる**(스무 살이 되다)

② **い**형용사의 어간+**くなる** = ~하게 되다, ~해지다

暖かい(따뜻하다) → **暖かくなる**(따뜻해지다)

③ **な**형용사의 어간+**になる**= ~하게 되다, ~해지다

好きだ(좋아하다) → **好きになる**(좋아하게 되다)

④ 명사+**にする** = ~(으)로 하다 / **い**(**な**)형용사의 어간+**くする**(**にする**) = ~하게 하다

朝食付きにする = 조식 포함으로 하다 / **短い**(짧다) → **短くする**(짧게 하다)

⑤ 동사의 기본형(**ない**형)+**ことにする** = ~하(지 않)기로 하다

通う(다니다) → **通うことにしました**(다니기로 했습니다)

⑥ 동사의 기본형(**ない**형)+**ことになる** = ~하(지 않)게 되다

受ける(받다) → **受けることになった**(받게 되었다)

⑦ 명사/**い**형용사/**な**형용사/동사의 보통형+**そうだ** = ~라고 한다

別れる(헤어지다) → **別れたそうだ**(헤어졌다고 한다)

⑧ 명사/**い**형용사/**な**형용사/동사의 보통형 +**ようだ** = ~인/한 것 같다[인/한 가보다]

カレー(카레) → **カレーのようだ**(카레인 것 같다)

⑨ 명사/**い**형용사/**な**형용사/동사의 보통형 +**みたいだ** = ~인/한 것 같다[인/한 가보다]

別人(딴 사람) → **別人みたいだ**(딴 사람인 것 같다)

⑩ 명사/**い**형용사/**な**형용사/동사의 보통형 +**らしい** = ~인/한 것 같다[인/한 모양이다]

住む(살다) → **住んでいたらしい**(살았던 모양이다)

CHAPTER 09 가정법으로 말하기

가정법 패턴을 활용하여 '~이면/하면'이라고 말하는 표현들 총정리.

① 명사/い형용사/な형용사/동사의 た형+ら = ~이면/하면

落ち着く(자리 잡다) → **落ち着いたら**(자리 잡으면)

② 동사의 た형+ら = ~했더니, ~하니까

目が覚める(눈을 뜨다) → **目が覚めたら**(눈을 떴더니)

③ 동사의 た형+らどうですか = ~하는 게 어때요?

行く(가다) → **行ったらどうですか**(가는 게 어때요?)

④ 동사의 어미를 え단으로 변경+ば = ~하면

年を取る(나이를 먹다) → **年を取れば**(나이를 먹으면)

⑤ 동사의 어미를 え단으로 변경+ば + 동사의 기본형 + ほど = ~하면 ~할수록

学ぶ(배우다) → **学べば学ぶほど**(배우면 배울수록)

⑥ 가정법(~ば)+よかった = ~할 걸 그랬다, ~했으면 좋았을 텐데

言う(말하다) → **言えばよかった**(말할 걸 그랬다)

⑦ 명사+だ/い형용사/な형용사/동사의 기본형+と = ~이면/하면

夜になる(밤이 되다) → **夜になると**(밤이 되면)

⑧ 명사+だ/い형용사/な형용사/동사의 기본형+と = ~했더니

夜空を見る(밤하늘을 보다) → **夜空を見ると**(밤하늘을 봤더니)

⑨ 명사/い형용사/な형용사의 보통형+なら = ~이라면/였다면/아니면/아니었다면

学生なら(학생) → **学生なら**(학생이라면)

⑩ 명사/い형용사/な형용사의 보통형+んだったら = ~이라면/였다면/아니면/아니었다면

要らない(필요 없다) → **要らないんだったら**(필요 없으면)

CHAPTER 10 수동형/사역형으로 말하기

수동형, 사역형 패턴으로 '~해지다, ~하게 하다'라고 말하는 표현들 총정리.

① 1그룹 동사(어미를 **あ**단으로 변경)+**れる** = ~함을 당하다, ~해지다

読む(읽다) → **読まれています**(읽혀지고 있어요)

② 2그룹 동사(어미(**る**) 탈락)+**られる** = ~함을 당하다, ~해지다

食べる(먹다) → **食べられた**(먹음 당했다 = 남이 먹었다)

③ 3그룹 동사(불규칙 변화) = ~함을 당하다, ~해지다

する(하다) → **される**(함을 당하다) / **来**(**く**)**る**(오다) → **来**(**こ**)**られる**(옴을 당하다)

④ 수동형+**て** = ~함을 당해서

雨が降る(비가 내리다) → **雨に降られて**(비 내림을 당해서 = 비를 맞아서)

⑤ 1그룹 동사(어미를 **あ**단으로 변경)+**せる** = ~하게 하다/시키다

待つ(기다리다) → **待たせる**(기다리게 하다)

⑥ 2그룹 동사(어미(**る**) 탈락)+**させる** = ~하게 하다/시키다

面倒を見る(돌보다) → **面倒を見させた**(돌보게 시켰다)

⑦ 3그룹 동사(불규칙 변화) = ~하게 하다/시키다

する(하다) → **させる**(하게 하다) / **来**(**く**)**る**(오다) → **来**(**こ**)**させる**(오게 하다)

⑧ 명사의 기본형/**な**(**い**)형용사의 어간+**にさせる**(**くさせる**) = ~이게 만들다/시키다

熱い(뜨겁다) → **熱くさせた**(뜨겁게 만들었다)

⑨ 사역형+**てください** = ~하게 해 주세요

歌う(부르다) → **歌わせてください**(부르게 해 주세요, 부르겠습니다)

⑩ 사역형+**てあげる**/**てくれる**/**てもらう** = (나→남/남→나/남에게) ~하게 해 주다

忘れる(잊다) → **忘れさせてあげる**((내가 남에게) 잊게 해 주다)

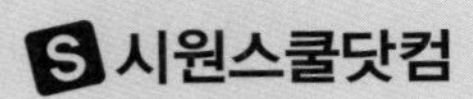
시원스쿨닷컴